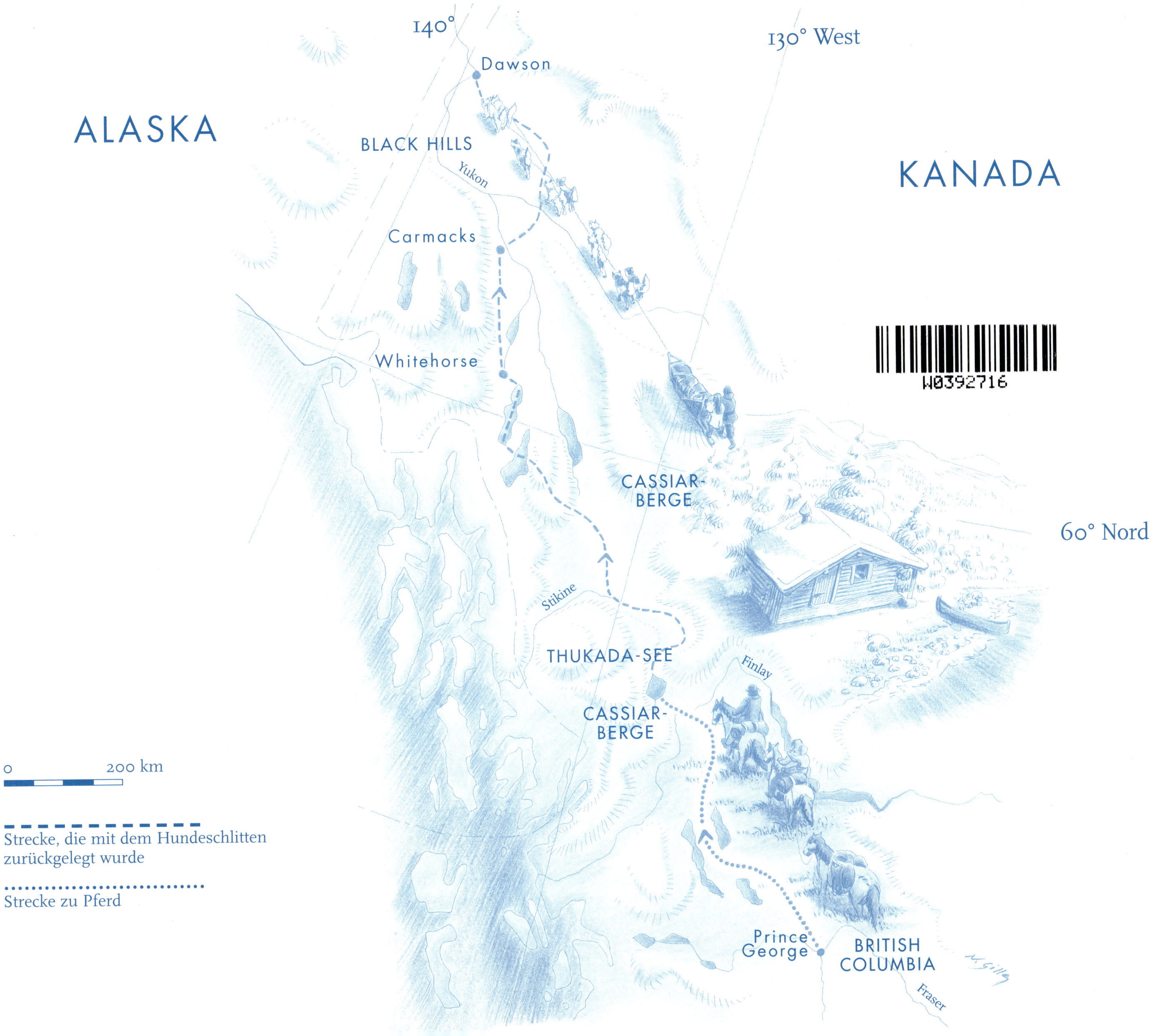
140°
130° West
Dawson
ALASKA
BLACK HILLS
Yukon
KANADA
Carmacks
Whitehorse
CASSIAR-
BERGE
60° Nord
Stikine
THUKADA-SEE
Finlay
CASSIAR-
BERGE
0
200 km
Strecke, die mit dem Hundeschlitten zurückgelegt wurde
Strecke zu Pferd
Prince George
BRITISH COLUMBIA
Fraser

»Ich war noch ganz klein, als ich damals mit Mama und Papa unterwegs war. An viel kann ich mich nicht erinnern, nur an Otchum und den großen Grizzly, vor dem ich solche Angst hatte. Aber zum Glück sind wir oft wieder dagewesen. Inzwischen kann ich sogar schon das Gespann lenken und mein kleiner Bruder Loup, der sechs Jahre alt ist, auch. Diesen Winter brechen wir nach Alaska auf. Ich werde dort mit Loup zur Schule gehen. Papa wird mit den Hunden trainieren und an einem Rennen teilnehmen. Hoffentlich gewinnt er. Von Zeit zu Zeit werden wir alle vier losfahren und einen großen Ausflug machen. Dann schlafen wir im Zelt, und ich darf abends die Hunde füttern. Das wird super, hoffentlich hören sie auf mich. Ich werde auf jeden Fall Papa bitten, mir zu helfen denn der kann gut mit Hunden umgehen und hat nie Angst.«

MONTAINE VANIER

Nicolas Vanier

DAS SCHNEEKIND

Eine Familie unterwegs durch die Schneewüsten des hohen Nordens

Bildtexte von Diane Vanier
Aus dem Französischen von Reiner Pfleiderer

MALIK

ZU PFERD DURCHS GEBIRGE

Man sieht die Angst in unseren Gesichtern. Trotzdem lächelt mich Diane durch den Regen an.

Wir sind noch keine halbe Stunde unterwegs, und schon weint Montaine. Sie fühlt sich auf dem Zweiersattel nicht wohl, obwohl wir sie zu Hause in der Sologne daran gewöhnt haben. Tatsächlich sind wir nicht so guter Dinge, wie wir es eigentlich sein sollten, heute, am ersten Tag eines Abenteuers, von dem wir schon vor der Geburt Montaines vor anderthalb Jahren geträumt haben.
Statt dessen steht uns die Angst ins Gesicht geschrieben. Auch unsere vier Pferde haben Angst. Angst vor dem schwammigen Boden, dem Gepäck, das wir ihnen aufgebunden haben.

DER HIMMEL ÖFFNET SEINE SCHLEUSEN

Und so kommt es, wie es kommen muß. Fünf Minuten später, als wir auf einem steinigen, von jungen Fichten überragten Hang am Fluß entlangreiten, geht das hintere, mit 60 Kilo Ausrüstung und Proviant bepackte Pferd plötzlich durch. Mehrmals ausschlagend jagt es in kopfloser Flucht an mir vorbei und reißt mein Pferd mit und das, auf dem Diane und das Kind sitzen. Montaine erschrickt und fängt an zu schreien. Diane, eine gute Reiterin, fällt ihrem Pferd in die Zügel, doch die beiden Packtiere preschen in vollem Galopp davon und verstreuen hinter sich Töpfe, Proviantsäcke, Seile, das Gewehr und Patronen.
Das fängt ja gut an!
Wir steigen ab. Montaine trocknet sich die Tränen, die sich in ihrem kleinen, braungebrannten Gesicht mit den Regentropfen vermischen.
Diane starrt den Weg entlang, auf dem die beiden verschwundenen Pferde große Hufabdrücke im Morast hinterlassen haben. Der Regen wird stärker. Wütend prasselnd zieht er glitzernde Furchen in den Boden.
Damit Montaine nicht klatschnaß wird, setze ich sie in den eigens für sie angefertigten Rucksack aus Segeltuch und Leder, den Diane auf dem Rücken trägt.
Natürlich haben wir mit gewissen Schwierigkeiten gerechnet, aber nicht damit. Der Auftakt ist ernüchternd und holt uns aus den schönen Träumen der letzten Jahre in die Wirklichkeit zurück. Zwei Pferde vor Schreck durchgegangen, Tränen, Regen und trister Alltag. So sieht die Wirklichkeit aus! Wir haben uns vorgestellt, wie wir bei strahlendem Sonnenschein gemütlich durch sattgrüne Täler reiten, wie Montaine lachend mit ihren kleinen Händen auf Schmetterlinge und Eichhörnchen zeigt, die vor dem vergnügt vorausgaloppierenden Otchum flüchten. Denkste! Diane sucht Hoffnung in meinem Blick. Ich würde gern Zuversicht ausstrahlen, doch auch ich werde von Zweifeln geplagt.
Erstens, Montaine wärmen.
Zweitens, die Pferde einfangen.
Wir binden die beiden Pferde an zwei Kiefern am Wegrand, dann ziehe ich einen Armvoll trockenes Reisig unter einer Fichte hervor und entzünde ein Feuer.
Diane blickt mit der erschöpften Montaine in die Flammen und wiegt sie in den Schlaf, und ich mache mich auf die Suche nach den Pferden.
Das erste finde ich ziemlich schnell. Es grast auf einer Lichtung. Das zweite ist ein Stück weiter stehengeblieben. Die Seile des Packsattels haben sich in den Erlen verheddert und es in seiner Flucht gestoppt. Ich sammle die Seile ein, dann die Planen, mit denen wir das Gepäck abdecken, alle zwei auf zwei Meter groß und wasserundurchlässig. Der Abend dämmert bereits, als ich zum Feuer zurückkehre.
Der Anblick Montaines, die im Schein des heruntergebrannten Feuers in den Armen ihrer triefnassen Mutter schläft, versetzt mir einen Stich.
Diane lächelt mich durch den Regen an.

ES REGNET, TAG UND NACHT

Ich habe eine unruhige Nacht. Der Regen trommelt mit deprimierender Gleichmäßigkeit auf unser Zelt. Montaine wälzt sich im Schlaf und rutscht irgendwann aus dem Schlafsack. Damit sie sich nicht erkältet, wache ich über sie. Ernüchtert, wie ich bin, male ich das Bild unseres ersten Reisetags in den schwärzesten Farben.
Endlich dämmert es. Fahles Licht dringt durch das Grau. Ich schlüpfe in meine feuchte Hose und krieche ins Freie. Nebel verhüllt die Berge, so daß man sich im Flachland wähnen könnte. Überall Wasser. Am Himmel, am Boden, alles trieft.

Vorhergehende Doppelseite
Der Zweiersattel ist eine Spezialanfertigung für Montaine und mich. Ich habe ihn zu Hause in der Sologne häufig benutzt, um Montaine daran zu gewöhnen. Sie sieht mehr von der Umgebung, als wenn sie auf meinen Schultern sitzen würde, ermüdet dafür aber schneller. Ihre Rückenmuskulatur ist noch nicht kräftig genug. Sie kann nur dreißig bis fünfundvierzig Minuten in dieser Position verharren.

Linke Seite
Montaine kann immer schlafen, selbst wenn es regnet und sie auf meinem Rücken durchgerüttelt wird. Ich nehme ihre Hände in die meinen und gebe acht, daß sie nicht friert. Ihr Anzug, wasserdicht von Kopf bis Fuß, schützt sie vor Nässe.

Otchum liegt unter einer Fichte im Trockenen. Seine Schnauze hebt sich kurz zum Morgengruß und sinkt dann wieder in die warme Kuhle seines angewinkelten Beins, so daß gerade noch ein Auge hervorschaut, dem nicht die kleinste meiner Bewegungen entgeht.

»So ein Sauwetter, was, Otchum?«

Ein Blinzeln und ein leichtes Zucken der Ohren als Antwort.

Ich sammle Reisig, reiße Rinde von einer Birke und lege alles unter einen alten, borkigen Baumstamm, der die ersten Flammen schützt, ehe er selbst zu glimmen beginnt. Ich sammle mehr oder weniger trockenes Holz und mache ein großes Feuer.

Der Morgen erscheint mir nun nicht mehr ganz so düster.

Die Pferde. Wir haben sie in der Umgebung von Prince George zwei Tage lang probegeritten, ehe wir sie gekauft haben. Wir haben uns insgesamt ein Dutzend angesehen. Ein Rancher aus der Gegend hatte sie nach den Kriterien, die wir ihm aus Frankreich übermittelt hatten, ausgesucht: »Ruhige, sehr ruhige Pferde. Sie dürfen gern etwas älter sein, sollten aber Erfahrung als Lasttiere haben, vor allem Erfahrung«, hatte ich verlangt. Die gesamte Expedition ist bis ins Kleinste so geplant, daß das Risiko für das Kind praktisch gleich null ist.

Ein Glück, daß ich mir bei Air Canada dieses Kissen »geborgt« habe. Wenn Montaine Siesta hält, verhindert es, daß ihr Kopf hin und her wackelt.

Rechte Seite
Ich brauche einige Zeit, bis ich mich an die Stoffwindeln aus Großmutters Zeiten gewöhne. Ich wasche sie in Bächen, aber mir graut vor dem Winter. Ich kann nur hoffen, daß Montaine bis dahin sauber ist. Windeln wechseln bei –50° C, das kann ich mir nicht vorstellen.

Der Regen lässt nicht nach, im Gegenteil, er wird noch stärker.

»Am liebsten würde ich heute hierbleiben. Bei dem Regen macht es keinen Spaß, noch dazu mit der Kleinen. Sie wird sich noch eine Erkältung holen ...«

Ich lasse den Satz unvollendet.

Wir verbringen den Tag abwechselnd im Zelt, vier auf vier Meter, oder am Feuer. Wir gehen angeln, doch der Fluß ist schlammig, führt Bäume mit sich und schwillt immer mehr an. Die Forellen beißen nicht.

MONTAINES LEHRZEIT

Am nächsten Morgen hat der Regen kein bißchen nachgelassen, und das Feuer qualmt wie ein Schlot. Montaines Geplapper dringt aus dem Zelt und vermischt sich mit dem Gezwitscher der wenigen Vögel, die der Nässe trotzen.

Wir drängen uns ums Feuer und stampfen den Boden rundherum platt, damit die Kleine nicht stolpert und womöglich in die Flammen fällt. Die arme Montaine ist einen so holprigen und schwammigen, mit Wurzeln und Sträuchern überwucherten Boden nicht gewohnt. Sie legt kaum einmal zehn Meter zurück, ohne daß sie der Länge nach hinfällt und heulend nach ihrer Mutter ruft, bis man ihr aufhilft. Das schwierigste ist, nie die Geduld zu verlieren. Wird »Geduld« das Schlüsselwort bei dieser x-ten und doch so besonderen Reise in den hohen Norden?

Diane deutet auf die Pferde und erklärt Montaine:

»Du darfst nicht hinter ihnen vorbeilaufen, Montaine. Das ist gefährlich.«

Montaine macht große Augen und sieht sie verständnislos an. In der Sologne wuselt sie zwischen den Beinen der Pferde umher, ohne daß sie gescholten wird. Aber unsere eigenen Tiere kennen wir gut, und bei denen hier wissen wir nicht, wie sie reagieren. Diane liebt Pferde und vertraut ihnen grundsätzlich. Ich weniger, denn schreckhaft, wie sie sind, haben sie mir auf Reisen schon so manch bösen Streich gespielt.

Wir ziehen ein wenig traurig unseres Wegs und spähen in einen undurchdringlichen Nebel, der mit zunehmender Höhe immer dichter wird. An sonnigen Tagen muß die Landschaft mit ihren blühenden Wiesen einen herrlichen Anblick bieten. Wir sehen einen bunten Teppich aus Glockenblumen, Goldruten und Geranien, dazwischen immer wieder Moosblumen und Schuppenheiden, hübsche kleine Gebirgssträucher, denen Heidelbeeren den Platz streitig machen. Kleine Trupps von Ammern beäugen uns, wenn auch nur mit mäßigem Interesse, denn sie sind zu sehr damit beschäftigt, sich warm zu halten. Genau wie wir. Mit hochgeschlagenem Kragen und eingemummt bis zu den Ohren, erklimmen wir schweigsam die Bergwiese und stellen uns dabei die Gipfel vor, die der Nebel verhüllt.

IM REICH DER GRIZZLY

Otchum ist hinter einer felsigen Anhöhe verschwunden, und Montaine hält überall nach ihm Ausschau.
»Tschu-Tschu!«
Diane ist beunruhigt und begeistert zugleich: »Da hinten sind frische Spuren von einem riesigen Grizzly.« Natürlich hat Otchum seine Spur aufgenommen. Das hat uns gerade noch gefehlt! Ich mache mich zu Pferd auf die Suche. Ich stoße auf die Spuren. Sie sind wirklich ziemlich groß und sehr frisch. Ein Männchen, mindestens vier Zentner schwer und nicht unbedingt freundlich ... Otchum ist ihm gefolgt. Die Abdrücke der Hundepfoten wirken lächerlich klein neben der Spur des gefährlichen Sohlengängers.
Ich bin besorgt, weniger um mich, denn ich bin bewaffnet und gewarnt, als vielmehr um Otchum, der von Natur aus Jäger ist, mit Bären aber keine Erfahrung hat.
Ich rufe besorgt nach meinem Otchum. Bald verlieren sich die Spuren zwischen den Felstrümmern.
Ich gebe die Suche auf und kehre um. Nebelschwaden verhüllen den Paß. Diane macht ein bekümmertes Gesicht, denn sie liebt diesen Ausnahmehund ebenso wie ich. Montaine spürt, daß etwas nicht stimmt, und sieht uns groß an.
»Gut, suchen wir uns einen Lagerplatz im Schutz des Passes. Falls er zurückkommt, findet er mühelos unsere Spur.«
Ein Seufzer als Antwort.
Wir marschieren eine halbe Stunde, dann rasten wir am Saum eines Waldes. Ich schlage rasch das Zelt auf, damit Montaine sich unterstellen kann, und entzünde ein riesiges Feuer.

Eine Stunde vergeht. Wir schlagen die Zeit mit Teetrinken tot, eine Gewohnheit, die ich bei sibirischen Rentierzüchtern angenommen habe, mit denen ich ein halbes Jahr umhergezogen bin. Und noch immer kein Lebenszeichen von Otchum. Mein Magen krampft sich zusammen. Ich befürchte das Schlimmste. Was soll aus meinem schönen Projekt, aus meiner Begeisterung werden ohne meinen wichtigsten Hund, den Rudelchef, das Leittier, meinen Freund? Bald senkt sich die Nacht über unser Lager. Die Pferde, die in der Nähe auf einer saftigen Gebirgswiese geweidet haben, schlafen jetzt friedlich, obwohl der Regen in dünnen Fäden über ihr Fell rinnt. Keine Sterne, kein Mond. Kein Eulenschrei in der dunklen Nacht. Kein Otchum. Halb sechs Uhr morgens. Obwohl der Regen aufs Zelt trommelt, höre ich am Eingang ein Kratzen.

Das Tannenhuhn ist in der Taiga sehr verbreitet. Im Verlauf der Reise wird es für uns ein wichtiger Frischfleischlieferant.

Linke Seite
Montaine und Otchum schließen sehr schnell Freundschaft und weichen einander nicht mehr von der Seite. In der Mittagspause »muß« Otchum neben ihr sitzen, sonst schläft sie nicht ein.

Keine Sterne, kein Mond, kein Eulenschrei in der dunklen Nacht. Und von Otchum nach wie vor keine Spur.

Ich fahre in die Höhe und stecke den Kopf hinaus.
»Otchum!«
Der Teufelskerl sieht mich mit lachenden Augen an. Sie leuchten im fahlen Dämmerlicht.
»Wieso machst du dir Sorgen?« scheint er mir sagen zu wollen. »Ich bin dem dicken Teddy nur ein bißchen nachgerannt, um zu sehen, was er drauf hat.«
»Du Racker! Du Strolch!« Und ich streichele ihm überglücklich die Schnauze. Diane hat mich gehört, und auch Montaine ist wach geworden. Sie ruft nach ihm. Otchum schiebt den Kopf ins Zelt und begrüßt alle mit seinem schönsten Lachen.
Ja, Otchum lacht. Ich bilde mir das nicht nur ein, auch wenn ich einen Narren an diesem Hund gefressen habe.
Die Dämmerung erscheint uns schöner, das Gebirge weniger bedrohlich und der Regen fast erträglich. Mit aufgestelltem Schwanz übernimmt Otchum die Spitze unserer kleinen Karawane und trabt zügig in Richtung Tal. In der Ferne glitzert das silberne Band des Flusses. Laut Karte folgt ein alter Pfad, zweifellos ein alter Trapper-Trail, auf den nächsten 50 Kilometern seinem Lauf. Wir erreichen problemlos die Baumgrenze. Auf der Suche nach einer Passage dringen wir in den Wald vor und nehmen mit einem Pfad vorlieb, den Wapitihirsche und Elche ausgetreten haben. Unter lautem Gegacker fliegen ein Kragenhuhn und seine Küken vor uns auf. Sie entkommen Otchum nur knapp.
Wir steigen ab, damit wir zwischen den vielen Bäumen besser manövrieren können. Diane trägt die zwölf Kilo schwere Montaine auf dem Rücken, während ich mit drei Pferden vorausmarschiere. Montaine deutet mit dem Finger auf die Vögel und ruft:
»Piep! Piep!«
Otchum setzt einem Eichhörnchen nach. Schimpfend entwischt es ihm, und Montaine quietscht vor Vergnügen.
Der Pfad verschwindet, doch talwärts lichtet sich der Wald, und wir schwingen uns wieder in den Sattel. Gegen 13 Uhr erreichen wir den Fluß. Zeit für ein Nickerchen.
Der Regen, der vorübergehend nachgelassen hat, ohne aber ganz aufzuhören – wir geben uns keinen Illusionen hin –, wird wieder stärker. Und als Montaine wenig später friedlich unter einer Plane schläft, die wir zwischen den Bäumen gespannt haben, gießt es wie aus Kübeln. Die Eltern warten geduldig, die Pferde verschnaufen, von ihrer Last befreit, und Otchum träumt im Schutz einer Tanne von den Hühnern, die er jetzt fressen könnte.

RHYTHMUS DER NATUR

Zwei Tage lang ziehen wir ohne nennenswerten Zwischenfall durch das grüne Tal, mal im Wald, mal am Fluß entlang oder, wenn am Ufer ein Fortkommen unmöglich ist, sogar in seinem flachen Bett. Montaine gewöhnt sich allmählich an den neuen Rhythmus.
Wir tun so, als schenkten wir dem Himmel keine Beachtung, der unablässig seine Wassermassen über uns auskippt. Längst haben die Flüsse ihre schöne blaugrüne oder kristallklare Farbe verloren. Schlammig braun wälzen sich die aufgewühlten Fluten nun zu Tal. Das stimmt mich ein wenig bedenklich. Diesen Fluß hier könnten wir, obwohl er angeschwollen ist, noch ohne größere Probleme durchqueren. Doch in spätestens zwei Tagen müssen wir über den Pelly setzen, und der, so fürchte ich, wird es uns nicht so leicht machen. Eines Nachmittags, als wir einem Wildwechsel durchs Erlengestrüpp folgen, stoßen wir auf eine Schwarzbärin mit zwei Jungen, niedlichen Teddys, die man am liebsten auf den Arm nehmen möchte. Uns trennen höchstens 20 Meter, doch offenbar sind sie so damit beschäftigt, sich mit Himbeeren vollzustopfen, daß sie uns weder gehört noch gesehen haben. Wir

Das Milchpräparat in Montaines Fläschchen ist nahrhafter als herkömmliches Kuhmilchpulver. Nur weigert sich Montaine manchmal, davon zu probieren.

Vorhergehende Doppelseite
Von meinem Rücken hält Montaine nach Tieren Ausschau und quietscht vor Vergnügen, wenn Otchum Waldhühner und Hasen aufscheucht.

Linke Seite
Montaine verbringt viele Stunden im Rucksack, und so habe ich ständig ihre kleine Piepsstimme im Ohr. Je nach ihrer Laune bin ich davon entzückt oder genervt!

beobachten die possierliche Szene eine Zeitlang, dann stoße ich einen Pfiff aus, damit die kleine Familie den Weg freimacht, ehe unsere Pferde wieder einen Schreck kriegen und durchgehen.
Während der Amerikanische Schwarzbär die Flucht dem Angriff vorzieht, muss man sich vor dem Grizzly wirklich in acht nehmen. Aus diesem Grund habe ich auch Otchum mitgenommen, statt ihn bei der Meute im Jura zu lassen – von der Freude, die uns seine Gesellschaft bereitet, einmal ganz abgesehen.
Im übrigen erfüllt Otchum seine Aufgabe als Wachhund bestens. Er bezieht stets in der Nähe des Zeltes Posten und paßt auf, wenn sich etwas nähert. In dieser Hinsicht können wir beruhigt sein. Das Zelt ist eine Festung, in der sich eine Königin, wie meine Montaine, bedienen und verhätscheln läßt.

Ein Wunder! Heute morgen regnet es nicht. Es nieselt nur ganz leicht. Fast ist man versucht, die Sonnenbrillen hervorzukramen. Wir beladen unsere vier Pferde in der Rekordzeit von 75 Minuten und brechen auf. Wenn meine Berechnungen stimmen, sind es noch acht Kilometer bis zum Pelly. Nach einiger Zeit öffnet sich das Tal zu einem großen Sumpf, in dem wir zwei kapitale Elchbullen aufscheuchen. Der Sumpf ist überflutet und unpassierbar.

Rechte Seite
Montaine sitzt selten lange still, wenn sie vor mir auf dem Zweiersattel reitet. Immer wieder schlüpft sie aus den Steigbügeln oder greift nach den Zügeln.

Nicht zum Anbeißen: Das Stachelschwein kann einem Angreifer mit einem Schwanzschlag Dutzende Stacheln entgegenschleudern.

Wir ziehen an seinem Rand entlang, bis wir auf ein undurchdringliches, bis zu zwei Meter hohes Erlengestrüpp stoßen.
Es wird Abend, und der Pelly ist noch immer nicht in Sicht. Wir werden unruhig, zumal das leichte Nieseln vom Morgen längst wieder in den schon gewohnten Landregen übergegangen ist. Doch dann, welch ein Anblick: Krickenten, Schellenten, Kragenenten, Reiherenten und Strandläufer kreisen über dem Sumpf, drehen plötzlich bei und stoßen in einen der schilfumsäumten Teiche hinab, in dem Biber ihrer Arbeit nachgehen und silberglänzende Spuren durchs gerippte Wasser ziehen.

WIR ÜBERQUEREN DEN PELLY

Erst am nächsten Morgen erreichen wir den Fluß. Er führt Hochwasser. Wie sollen wir ihn überqueren? Wir studieren die Karte und beschließen, nicht zu warten, bis der Fluß wieder abschwillt, seinem Lauf zu folgen und 50 Kilometer von hier einen seiner größeren Zuflüsse zu durchqueren.
Hinter der Mündung müßte der Pelly gut ein Drittel weniger Wasser führen. Vielleicht können wir es dort wagen.
Das Vorhaben kann uns zwei oder drei Tage kosten, aber wir haben ja keine Eile. Wir haben Proviant für einen Monat und können zusätzlich jagen und angeln, ganz zu schweigen von den zahlreichen Beeren, die bald reif sein müßten. Und etwas später werden Pilze unseren Speisezettel bereichern. Wir müssen nur mit dem Allernotwendigsten haushalten: Mehl, Zucker, Salz und dem wertvollen Milchpulver für Montaines Fläschchen. Das Ufer, auf dem wir uns befinden, macht uns das Fortkommen nicht gerade leicht. Immer wieder bleiben die Packsättel an den Bäumen hängen. Wir tasten uns förmlich vorwärts, legen gerade mal einen Kilometer in der Stunde zurück.
Zum Glück hört der Regen am Nachmittag auf. Die Wolken reißen auf, und hier und da zeigt sich sogar ein Zipfel blauer Himmel. Gibt es den überhaupt noch? Nach zehn Tagen Dauerregen wagen wir kaum noch daran zu glauben. Die Gegend ist ganz nach Otchums Geschmack. Kragenhühner, Tannenhühner, Elchspuren in Hülle und Fülle. Er amüsiert sich prächtig. Doch um 14 Uhr ist das Fest vorbei. Er kehrt winselnd und blutend zurück. Im Hals, in den Lefzen, in Zunge und Schnauze stecken gut 50 Stacheln eines Stachelschweins. Montaine heult. Ein richtiger Anfall. Sie wird hysterisch:
»Nein, nein, nein. Armer Tschum-tschum.«

Mit Otchum wird das Zelt zur Festung, in dem sich Königin Montaine bedienen und verhätscheln läßt.

Sie beruhigt sich erst, als wir sie auf den Arm nehmen und ihren Kopf an unsere Schulter betten. Doch das hilft uns nicht weiter. Nur zu zweit können wir Otchum von den mit kleinen Widerhaken versehenen Stacheln befreien, die sich bei jeder Bewegung und jeder Berührung mit der Pfote noch tiefer ins Fleisch bohren. Es ist immer das alte Lied: Der Hund nimmt die Witterung eines Stachelschweins auf, nähert sich ihm und treibt es mit wildem Gebell in die Enge. Das Stachelschwein rollt sich wie ein Igel zu einer Kugel zusammen, so daß nur noch die Stacheln zu sehen sind. Der Hund tritt näher, und darauf hat das Schwein nur gewartet. Es wirbelt herum und schlägt dem Angreifer die gesträubten, fünf bis acht Zentimeter langen Schwanzstacheln ins Gesicht, die es, wenn es den Körper schüttelt, sogar zwei bis drei Meter weit schleudern kann! Wutentbrannt fällt der Hund über den Gegner her und beißt in das Nadelkissen. Der Kampf endet, sobald die Schmerzen unerträglich werden. Ohne Hilfe verendet der Hund oder Wolf unter unsäglichen Qualen.

Als Montaine endlich eingeschlafen ist, erschöpft von all den Tränen die sie um Tschum-tschum geweint hat, entfernen wir mit der Hand, was sich entfernen läßt. Leicht ist das nicht. Die Stacheln sitzen ein bis zwei Zentimeter tief und lassen sich nur schwer herausziehen. Schon nach der zehnten hat Otchum genug. Er dreht und windet sich, um der Behandlung zu entgehen. Zwei Stunden später stecken noch etwa 15 Stacheln in seinem Maul. Wir beschließen, weiterzuziehen und einen Lagerplatz zu suchen, ehe wir die Operation fortsetzen. Uns bleibt ohnehin keine andere Wahl. Vom Zusammenpressen der Stacheln und dem Festhalten des Hundes sind unsere Hände völlig verkrampft.

Am Abend operieren wir abwechselnd. Otchum hält still und klappt auch brav das Maul auf, doch sowie die Hand nach dem Stachel faßt, dreht er energisch den Kopf weg. Unsere Geduld wird auf eine harte Probe gestellt, bis wir die Stacheln, einen nach dem anderen, entfernt haben.

Zweieinhalb Tage später erreichen wir den Nebenfluß. Wir taxieren Breite, Tiefe und Strömung und gelangen zu dem Ergebnis,

Pferde können ausgezeichnet schwimmen, selbst mit einem Reiter auf dem Rücken, doch der Fluß ist eiskalt. Gletscher und ewiger Schnee speisen ihn, und in dieser Höhe bleibt dem Wasser kaum Zeit, sich zu erwärmen.

Rechte Seite
Man muß gegen den Strom reiten, damit das Pferd nicht so leicht das Gleichgewicht verliert, auch auf die Gefahr hin, daß es stürzt, wenn die Hufe keinen Halt mehr finden.

daß er kein unüberwindliches Hindernis darstellt. Wir könnten es gerade so schaffen.
Montaine mustert das Hindernis mit gerunzelter Stirn. Die Pferde glotzen blöde.
»Gut, sollen wir jetzt gleich rüber und am anderen Ufer unser Lager aufschlagen oder sollen wir lieber bis morgen warten?«
Diane zögert keine Sekunde.
»Sofort, dann haben wir es hinter uns!«
Das junge Pferd dreht widerwillig den Kopf zur Seite. Ich stoße ihm die Fersen in die Weichen, damit er wieder nach vorn schaut. Er setzt einen Huf vor, dann den anderen, tritt aber auf der Stelle. Er will partout nicht ins Wasser.
Ich reite ein Stück am Ufer entlang, schlage einen weiten Bogen und halte direkt auf den Fluß zu. Der Junge watet ins Wasser, bleibt aber nach wenigen Schritten stehen. Der Alte überholt ihn.

Nur noch der Kopf des Pferdes ist zu sehen, darüber Diane, die Arme um seinen Hals geschlungen, und zuoberst Montaine.

Ich lasse ihn gewähren und lockere seine Leine, die um meinen Sattelknauf gewickelt ist. Beim Anblick des Gefährten stürzt sich der Junge förmlich in die Fluten. Wir tauchen immer tiefer ein. Die Strömung ist doch stärker als erwartet. Sie drückt so kräftig gegen die Packsättel und die Flanken der Pferde, daß eins nach dem anderen den Boden unter den Füßen verliert. Der Alte und der Weiße streben unbeirrt dem anderen Ufer zu, nur den einen Gedanken im Kopf: so schnell wie möglich drüben ankommen. Doch der Junge gerät in Panik. Plötzlich beginnt er, mit den Vorderläufen zu strampeln, und geht unter! Ich muß ihn loslassen und schwimmen. Ich werde ein Stück abgetrieben und gegen den Weißen gedrückt, der mittlerweile wieder Grund hat, doch die Strömung ist noch so stark, daß ich selbst keinen Halt finde. Also verlege ich mich aufs Tauchen und schwimme kurzerhand unter dem Bauch des Weißen wie unter einer Brücke hindurch! Ein, zwei Züge, und ich habe wieder Grund. Ich drehe mich um und sehe, daß Diane mit Montaine auf dem Rücken Anstalten macht, mir zu folgen.
»Warte!«
Zu spät. Schon ist nur noch der Kopf des Pferdes zu sehen, darüber Diane, die Arme um seinen Hals geschlungen, und zuoberst Montaine, die sich fest an den Rücken ihrer Mutter klammert und mit weit aufgerissenen Augen, aber ohne zu weinen, schreit:
»Mama! Mama!«
Der Dicke hat wieder Grund unter den Füßen, und Diane taucht aus den Fluten auf. Sie redet auf Montaine ein, um sie zu beruhigen. Diane ist klatschnaß, doch Montaines Oberkörper ist trocken geblieben.
»Warum hast du denn nicht gewartet?«
»Das Pferd hat verrückt gespielt, so ganz allein. Ich wollte nicht warten, bis es uns abwirft, deshalb bin ich losgeritten.«
Das soll mir eine Lehre sein. Wenn ich künftig eine Passage teste, darf ich immer nur zwei Pferde mitnehmen.
Wir entzünden ein großes Feuer. Montaine lacht und klatscht vergnügt in die Hände, als Otchum durch den Fluß schwimmt.
»Bravo, Tschum-Tschum, bravo!«
Sie läuft ihm entgegen und begrüßt ihn, noch bevor er sich geschüttelt hat. Sie wird von oben bis unten naßgespritzt und lacht noch vergnügter.

Montaine hat keine Angst vor den Pferden, ganz im Gegenteil, wir müssen acht geben, daß sie nicht zwischen ihren Hufen spielt. Sie ist zutraulich, weil sie sieht, wie unbefangen ich mit ihnen umgehe. Doch bei ihr ist Vorsicht geboten.

Wolken ziehen vorbei und zerreißen an den schneebedeckten Gipfeln, die von Zeit zu Zeit durch das dunkle Grau blinzeln.
»Bei Sonnenschein muß es hier traumhaft sein.«
Seufzen.
Zur Feier des Tages bleiben wir am Feuer sitzen und beschließen, nicht mehr weiterzuziehen. Wir schlagen am Pelly unser Lager auf und nutzen eine kurze Aufheiterung zum Angeln. Aus ein und demselben Strudel ziehen wir fünf schöne Regenbogenforellen. Montaine schreit hysterisch, als der erste Fisch vor ihren Füßen zappelt. Sie flüchtet in die Arme ihrer Mutter und beobachtet aus dem Augenwinkel das seltsame, glitschige Tier. Beim zweiten Fisch ist sie schon ruhiger, den dritten streichelt sie mit schüchterner Hand, beim vierten bricht sie in Lachen aus, und beim fünften bekommt sie einen Koller, als ich ihn ihr wegnehme. Sie lernt schnell.
Am Abend beobachtet Montaine, wie die Forellen in der Pfanne brutzeln. Ohne Scheu kostet sie von dem Fleisch und verlangt bald einen Nachschlag.
»Mehr, mehr!«

DIE SONNE SCHEINT

Ein Wunder! Am Morgen scheint die Sonne und überflutet die Erde mit ihrem goldenen Licht. Die Wiesen dampfen wie feuchte Wäsche in den ersten warmen Strahlen, Vögel schwirren von Baum zu Baum und trällern ihre schönsten Lieder in den blauen Himmel. Der Fluß erstrahlt in seinem Glanz, und der silberne Ton des Wassers ist wie die Farbe der Gletscher, die, weiter oben, mit gläsernen Zungen an den Gipfeln lecken. Montaine bestaunt mit großen Augen die Schönheit der Welt.
Gegen Mittag, als wir uns in den Sattel schwingen, hat ein Westwind den blauen Himmel weiß, dann grau übertüncht. Die Stechmücken, die uns bislang verschont haben, fallen in Schwärmen über uns her. Diane und ich schmieren uns mit Muskol ein, einem extrem wirksamen kanadischen Präparat, anschließend verteilen wir es auf Montaines Kleidern – beim direkten Kontakt würde die empfindliche Babyhaut Schaden nehmen. Myriaden von Stechmücken und ebenso viele schwarze Fliegen erfüllen die Luft mit ihrem Sirren. Bei jedem Umspringen des Windes verflüchtigt sich die Insektenwolke, ist aber gleich darauf wieder da, eine wahre Plage. Diane, die Montaine auf dem Rücken trägt und sie deshalb nicht sehen kann, macht sich Sorgen:
»Sitzen viele auf ihr drauf?«
Nein, die Mücken interessieren sich anscheinend nicht übermäßig für Montaine. Ein Glück! Um so mehr aber für Diane, die eine magnetische Anziehungskraft auf sie ausübt.
»Quälgeister!«
Sollen wir dem Regen nachtrauern, weil er die Insekten ferngehalten hat? Das ist die harte Realität der Taiga im Sommer. Stechmücken oder Regen. Ich singe ein Loblied auf den Winter. Keine Nässe, keine Insekten, keine Sümpfe, nur tiefe Stille und eine eisige Kälte, die Seen und Flüsse zufrieren läßt und so ein bequemes Reisen ermöglicht.
»Und was ist mit dem Herbst?«
»Der Indianersommer ist herrlich, Feuerfarben, Sonne, niedrige, aber angenehme Temperaturen, nicht eine Stechmücke.«

Die Hütte, von der wir träumen, wollen wir am Thukadasee errichten. Meine Hunde werden mit dem Wasserflugzeug dorthin gebracht werden. Ursprünglich hatte ich die Absicht, sie von Anfang an mitzunehmen, einige als Lasttiere zu verwenden und die anderen frei herumspringen zu lassen. Doch dieses Vorhaben

Montaine bestaunt mit großen Augen die Schönheit der Welt. Auch ich berausche mich an den Gerüchen und Farben. Ein seltenes Glücksgefühl durchströmt mich, macht mich für den leisesten Windhauch empfänglich und schärft meine Sinne.

ließ sich nicht verwirklichen, da die Hunde gefürchtete Jäger sind. Schon gar nicht im Juni, wenn das Wild wegen der vielen diesjährigen Jungen, die vor dem Winter zu Kräften kommen müssen, besonders anfällig ist.

Die Meute wird also erst Ende August zu uns stoßen. Jérôme und Alain Brénichot, der mich auf meiner Expedition durch Sibirien begleitet hat, werden sie uns bringen. Meine Freunde werden mit den Pferden zurückreiten und sie anschließend verkaufen.

Wir ziehen gemächlich am Fluß entlang. Es geht durch Kiefernwälder, über wasserdurchtränkte Flechtenteppiche oder durch Sümpfe, die mit Erlen oder Weiden übersät sind. Seinen Gedanken nachzuhängen ist das beste Mittel, die Stechmücken zu vergessen. Stunde reiht sich an Stunde. Montaine ist eingedöst und träumt ebenfalls. Offensichtlich von Otchum, denn sie murmelt im Schlaf seinen Namen.

Ich entzünde ein Feuer und erklimme allein den Berg, der den Fluß überragt, um mir ein Bild von der Route zu machen. Otchum hüpft ausgelassen neben mir her, während ich mir alles um mich herum genau anschaue. Der Wald ist herrlich mit den duftenden Pappeln, den majestätischen Kiefern, den weißen Birken, die gegen die dunklen Tannen abstechen. Die Wolken am Himmel zerfasern, beginnen zu leuchten und zerreißen zu langen Fransen in rosafarbenen Tönen. Ich bewundere einen Augenblick den kristallklaren Glanz des Gletschers, der sich an eine große, von Tannen gesäumte Moräne lehnt.

Ich bin im Gebirge, und das Gebirge ist in mir. Seine Schönheit scheint durch mich hindurch wie durch Glas, und ich berausche mich an den Gerüchen und Farben und sauge sie genüßlich in mich auf. Ein seltenes Glücksgefühl durchströmt mich, macht mich für den leisesten Windhauch empfänglich und schärft meine Sinne.

Ich fühle mich wie neu belebt, als ich aus dem Wald trete. Eine neue Welt tut sich vor mir auf. Ich blicke weit über Flußtäler hinweg, die ein warmes, weiches Licht durchflutet. Ich bleibe auf einer Geländeerhebung am Fuß des Gletschers stehen. Von hier aus habe ich eine weite Sicht, sogar über die Berge hinweg, die unser Lager überragen. Mit dem Fernglas studiere ich lange den Nebenfluß – er ist auf den nächsten zwei bis drei Kilometern unpassierbar –, dann sorgfältig die Topographie der Berge. Eine Art Plateau erstreckt sich gut 50 Kilometer weit nach Norden. Obwohl felsig und von einigen kleinen Schluchten durchschnitten, ist es für uns ein ideales Gelände. Natürlich, das ist die Lösung. Wir meiden die überfluteten Täler und reisen einfach oberhalb der Baumgrenze. Ich präge mir die leichteste Route ein, die zu den Matten oberhalb der Waldgrenze führt, dann kehre ich, benommen von so viel Schönheit, ins Lager zurück.

Ein Dickhornschaf. Unsere kleine Karawane überrascht wilde Tiere meist, wenn Montaine schläft …, denn dann sind wir so leise wie die Wolken am Himmel.

In unwegsamem Gelände ist an Reiten nicht zu denken. Vorsichtshalber geht man voraus und sucht eine Passage. Außerdem bocken die Pferde weniger, wenn ihnen jemand zeigt, wo's langgeht.

Rechte Seite
Es ist nicht immer einfach, Montaine vom Feuer fernzuhalten. Wie leicht könnte sie über einen Erdklumpen, eine Wurzel oder ein anderes Stück Holz stolpern und in die Flammen fallen.

FLUCHT KOMMT NICHT IN FRAGE

Zwei Tage lang ziehen wir in über 2800 Metern Höhe über das windgepeitschte Plateau und legen pro Tag beachtliche 30 Kilometer zurück. Dann müssen wir Karibus und Dickhornschafe hinter uns lassen und wieder in das enge, tief eingeschnittene Tal hinabsteigen. Wir wählen einen Hang, der nicht sehr steil, aber dicht mit Erlen bewachsen ist. Wir folgen gerade einem Pfad, den Tiere ausgetreten haben, als plötzlich, ohne das geringste Geräusch, der mächtige Kopf eines Grizzlys aus dem Gestrüpp vor uns auftaucht. Das Blut gefriert mir in den Adern. In der nächsten halben Sekunde bäumt sich der Junge auf und wirft mich so blitzartig aus dem Sattel, daß ich nichts dagegen tun kann. Zum Glück marschiert Diane in diesem Augenblick mit Montaine auf dem Rücken hinter mir, um den Dicken zu schonen, der nach wie vor lahmt. Doch auch sie kann die Pferde nicht aufhalten. Sie reißen sich los und jagen davon. All das geschieht innerhalb einer Sekunde. Der Grizzly saugt, ohne sich zu rühren, die Luft ein und beobachtet uns mit funkelnden kleinen Augen. Der Junge ist mit meinem Karabiner auf und davon, und so stehe ich dem gefährlichen Sohlengänger nur mit einem Messer bewaffnet gegenüber.

Nicht eine Sekunde denke ich daran, daß er kehrtmachen könnte. Niemals! Wer einen Grizzly überrascht, das weiß ich nur zu gut, setzt sich einem mörderischen Angriff aus. Ich fühle mich dem Ungetüm mit den gewaltigen Krallen wehrlos ausgeliefert, und nur eine stumme Wut verhindert, daß ich zittere.
Diane hat sich hinter mir keinen Millimeter von der Stelle gerührt und raunt Montaine, die erschrocken ist, als ich abgeworfen wurde und die Pferde davonpreschten, nur ein leises »Pst« zu.
Mein Kopf ist leer. Ich weiß nicht, was ich tun soll. Ich kann nur auf den Angriff warten und versuchen, ihm mit aller Kraft das Messer ins Herz zu stoßen. Fliehen kommt nicht in Frage, denn wie jeder weiß, reizt Davonlaufen ein Raubtier zum Angriff. Der Grizzly hebt leicht den Kopf und schnuppert, läßt uns aber nicht aus den Augen, dann sinkt er weich auf die Pfoten zurück. Wieder saugt er die Luft ein, dann macht er ärgerlich brummend kehrt und trollt sich, nicht ohne sich alle paar Meter nach uns umzudrehen. Ich muß kreidebleich sein. Ich drehe mich langsam zu Diane um. Unsere Blicke begegnen sich. Ihre unerschütterliche Ruhe erregt meine Bewunderung. Kein Schrei, keine überflüssige Bewegung. Sie hat nicht mit der Wimper gezuckt und, mit dem Kind auf dem Rücken, haargenau das getan, was wir uns vorgenommen hatten, falls wir unter solchen Umständen einem Grizzly begegnen sollten.
Ist die Gefahr vorüber, schwinden die Kräfte. Die Spannung entweicht aus dem Körper wie die Luft aus einem Luftballon. Wir setzen uns, um uns zu fassen. Wir begreifen, in welcher Gefahr wir geschwebt haben. Nie zuvor bin ich so unvermittelt einem Tier derart ausgeliefert gewesen.
Otchum hat sich in den entscheidenden Sekunden ebenso still verhalten wie wir. Jetzt hören wir sein wütendes Gebell ein Stück weiter unten am Wald. Von seinem Jagdinstinkt getrieben, hat er die Verfolgung aufgenommen.
Warum hat er nicht gebellt, als der Bär vor uns stand? Warum hat er sich in dem kurzen Augenblick, in dem die geringste Bewegung, der kleinste Laut der Begegnung eine verhängnisvolle Wendung hätte geben können, nicht gerührt? Hat er tief in seinem Hundeinnern die zwingende Notwendigkeit gespürt, nichts zu tun und sogar einen tiefverwurzelten Instinkt zu unterdrücken?
So viele Fragen, die unbeantwortet bleiben müssen. Eines scheint mir sicher: Hätte der Bär angegriffen, wäre Otchum zur Stelle gewesen und hätte uns mit jeder Faser seines kleinen Körpers

Drei Wochen sind wir nun schon unterwegs, und das Glück ist uns wahrlich nicht hold.

verteidigt. Davon bin ich zutiefst überzeugt, und bald wird die Zukunft zeigen, daß ich mich nicht in ihm täusche.

»VOGEL, VOGEL!«

Ich liebe den Morgen und sein sanftes, beruhigendes Licht mit den vielen Nuancen. Ich liebe es, wenn langsam und maßvoll dosiert die Farben hervortreten und mit der friedlichen Kraft des Unabänderlichen das Dunkel verdrängen. Das ist etwas ganz anderes als die Abenddämmerung, die farbliche Apotheose eines Tages, wenn der Himmel Feuer fängt, funkelnde Gletscher letzte Blitze aussenden und flammenumloderte Wolken den Himmel erglühen lassen. Der Morgen ist ein Spektakel für die Armen, der Abend eine Oper für die Reichen.

Die Pferde grasen auf dem windgeschützten Hang einer von Hemlocktannen gesäumten Schlucht. Wie neu belebt von den warmen Sonnenstrahlen, die über die Bergflanke streichen, brechen wir das Lager ab und ziehen durch den Tannenwald talwärts in Richtung Fluß. Kragen- und Tannenhühner flüchten lärmend in die Bäume. Wir erlegen drei Männchen mit dunklem, weißgeflecktem Gefieder. Unser Abendessen. Montaine klatscht bei jedem Schuß Beifall und schreit: »Vogel, Vogel.« Wir müssen ihr jeden erlegten Vogel zeigen, damit sie ihn eingehend untersuchen kann. Sie streichelt die Federn, hebt die geschlossenen Lider, kratzt am Schnabel, spreizt die Zehen an den Füßen. Erst dann ist sie zufrieden, und wir können weiterziehen.

Wir tragen Montaine abwechselnd, denn der Wald ist so dicht und das Gefälle so stark, daß an Reiten nicht zu denken ist.

Am Fuß des Hangs taucht vor uns zwischen den Pappeln ein riesiger Elch auf, mindestens zwei Meter Schulterhöhe, mit mächtigem Geweih, mehr als 15 Enden pro Schaufel. Er sucht auf seinen staksigen Beinen das Weite, und Otchum setzt ihm kläffend nach. Eine Stunde später erreichen wir den Talgrund, müssen aber zu unserer Enttäuschung feststellen, daß der Fluß unpassierbar ist. Deprimiert schlagen wir das Lager auf, und zu allem Überfluß öffnet auch noch der Himmel seine Schleusen. Es ist schon spät, und

wir schlingen hastig ein karges Mahl hinunter, damit wir bald ins Trockene flüchten und in die warmen Schlafsäcke kriechen können. Der Regen trommelt die ganze Nacht hindurch aufs Zelt und zerstört jede Hoffnung, daß der Fluß in den nächsten Tagen abschwellen könnte. Und damit nicht genug: Etwa 20 Kilometer von hier mündet er in den Finlay, einen noch größeren Fluß, den wir ebenfalls überqueren müssen. Hinter dem Finlay geht es hinauf in die Cassiar-Berge. Dort gibt es nur ein paar Wildbäche, die uns vor keinerlei Probleme stellen werden. Aber wie sollen wir diese beiden Wasserautobahnen überqueren? Ich wälze mich im Schlafsack von einer Seite auf die andere und finde keinen Schlaf. In welche Lage habe ich meine kleine Familie gebracht? Dieser verfluchte Regen. Wird er denn niemals aufhören? Am nächsten Morgen ist meine Stimmung ebenso trüb wie das Wetter. Nicht einmal die Bergflanken ringsum sind zu sehen.

Ich bleibe mit Montaine am Feuer. Eine Plane, die ich zwischen den Bäumen gespannt habe, schützt uns vor dem Regen. Montaine macht bei ihren Gehversuchen im Wald erstaunliche Fortschritte. Sie hat schnell gelernt, den Hindernissen auszuweichen,

Da Montaine ständig mit uns auf Tuchfühlung ist, sei es vorn im Sattel oder hinten im Rucksack, braucht sie den Körperkontakt zum Einschlafen.

Linke Seite
Monique heißt die Puppe, die Montaine vor der Abreise von ihrer Großmama bekommen hat. An ihr läßt sie ihren Ärger aus, wenn Otchum vom Spielen genug hat.

Wenn Flüsse und Bäche wenig Wasser führen, reiten wir lieber in ihrem Bett als durch den Wald, der häufig undurchdringlich ist.

über die sie anfangs gestolpert ist: Wurzeln, Kriechpflanzen, lose Steine, Grasbüschel. Vor allem rappelt sie sich alleine wieder auf. Drei Wochen sind wir nun schon unterwegs, und das Glück ist uns wahrlich nicht hold.
Ich höre von Diane kein Wort der Klage. Mit Gleichmut erträgt sie die Widrigkeiten einer Reise, die unter denkbar ungünstigen Umständen begonnen hat. Wie gern hätte ich ihr bei ihrer ersten großen Reise durch die *wilderness* den Regen und die ständigen Probleme erspart. Wann können wir endlich bei strahlendem Sonnenschein reiten und die märchenhafte Landschaft genießen?

TOSENDE WASSERMASSEN

Beim Anblick eines hoffnungsvoll stimmenden Morgenhimmels verfliegt die Reisemüdigkeit, so wie gewöhnliche Kopfschmerzen vergehen.
»Zum Teufel mit dem Fluß. Der wird uns nicht länger aufhalten. Wenn es sein muß, bauen wir uns eben eine Brücke!«
Entschlossen brechen wir auf, tapfer einem neuerlichen eisigen Bad entgegensehend. Doch als wir an Ort und Stelle eintreffen, bremst das Tosen des überschwappenden Flusses unseren Elan.
»Ich geh da nicht rein«, entfährt es Diane.
Montaine, die auf ihrem Rücken sitzt, späht ihr über die Schulter und mustert die Strömung mit argwöhnischer Miene. Ich könnte schwören, daß sie verstanden hat.
»Gut, hör zu. Ich gehe mit dem Jungen und dem Alten voraus. Wenn es klappt, kommst du nach. Wenn es mir zu gefährlich wird, kehre ich um, und wir überlegen uns etwas anderes.«
»Was denn?«
»Ich weiß nicht. Wir suchen eine andere Passage, weiter oben oder weiter unten, keine Ahnung.«
»Na schön.«
Resigniert bindet Diane die beiden Pferde an. Ich reite mit dem Jungen voraus und nehme den Fluß schräg in Angriff, damit sich die Pferde auf den ersten Metern mit aller Kraft frontal gegen die starke Strömung stemmen können. Würde ich im rechten Winkel in die Stromschnelle reiten, würden die beiden Pferde mit Sicherheit stürzen. Sie tasten sich langsam vor, suchen festen Halt auf dem steinigen Grund. Ich lasse sie gewähren und achte nur darauf, daß sie die gewünschte Richtung einhalten, das Tempo überlasse ich ihnen.
Der Junge kommt gut voran und absolviert den ersten Teil des Parcours fehlerfrei. Der Alte folgt uns, doch die Strömung drückt mächtig gegen den Packsattel. Er verliert den Boden unter den Füßen und kippt, hilflos mit den Beinen strampelnd, zur Seite.

Nach der Flußüberquerung spüre ich meine Beine nicht mehr. Bestimmt sind sie bis zu den Leisten blau, und wie Bleistücke hängen meine kältestarren Füße daran.

Die Strömung erfaßt ihn und reißt ihn gut 20 Meter mit, ehe er auf dem schmalen Kiesstreifen wieder Halt findet, auf dem wir in 30 Zentimeter tiefem Wasser stehen. Die Plane hängt auf der linken Seite herunter, die Seile sind verrutscht. Jeden Augenblick kann der Packsattel mit dem kostbaren Inhalt vollends zur Seite kippen, und dann gute Nacht!

Mir bleibt keine Wahl. Ich lasse den Jungen zurück und wate zu dem Alten, der offenbar mit dem Gedanken spielt, den Fluß wieder in der umgekehrten Richtung zu durchqueren. Ein paar Meter vor ihm rutsche ich auf einem bemoosten Stein aus und plumpse ins Wasser. In panischer Angst setzt der Alte sein Vorhaben in die Tat um und flüchtet zu seinen Gefährten ans Ufer. Ich kann ihm nicht folgen. Ich kann nur das Gepäck im Auge behalten. Es sitzt fest, und so drehe ich mich nach dem Jungen um. Doch der ist dem Beispiel seines Artgenossen gefolgt und hat bereits die Hälfte der Strecke zurückgelegt. Ich stehe also mitten im Fluß in 30 Zentimeter tiefem, eiskaltem Wasser und kann weder vor noch zurück. Natürlich könnte ich ans andere Ufer schwimmen, denn im tiefen Wasser ist die Strömung nicht sehr stark, aber dann müßte Diane mit Montaine und den vier Pferden nachkommen, ein Risiko, das ich um alles in der Welt nicht eingehen möchte. Andererseits erscheint es mir zu gefährlich, zu den anderen zurückzuschwimmen. Die Strömung würde mich todsicher mitreißen und gegen die Felsen werfen, die stromabwärts aus dem Wasser ragen.

»Was soll ich tun?« schreit Diane gegen das Tosen an.

Ich beginne zu schlottern und habe ein taubes Gefühl in den Beinen. Meine Füße sind starr vor Kälte und hängen wie Blei an mir.

»Komm mit dem Jungen zu mir. Laß die beiden anderen los, sie werden ihm folgen. Dann sehen wir weiter.«

»Was?«

Ich brülle und gestikuliere.

»Komm mit dem Jungen zu mir!«

Ich spüre meine Beine nicht mehr. Bestimmt sind sie bis zu den Leisten blau.

Diane durchquert die Stromschnelle ohne Zwischenfall, die anderen drei Pferde folgen. Montaine klammert sich so heftig an ihren Hals, daß sie ihr fast die Luft abschnürt. Ich schwinge mich in den Sattel. Ein kalter Wind fegt über den Fluß. Ich klappere mit den Zähnen und habe nur noch einen Gedanken: ein Feuer, an dem ich mich aufwärmen kann.

Der Junge scheut vor dem tiefen Wasser, ebenso der Dicke, der eine Pirouette dreht, statt weiterzugehen, obwohl Diane ihm kräftig die Fersen in die Flanken stößt. Schließlich macht der Alte den Anfang und stürzt sich in die Fluten. Der Weiße hinterher. Das Wasser ist verdammt tief, daher auch die schwache Strömung. Auf halber Strecke dreht der Junge ohne ersichtlichen Grund plötzlich durch. Er will sich aufrichten, schlägt mit den Vorderhufen aus und streckt, die entsetzten Augen weit aufgerissen, den Kopf aus dem Wasser. Ich lasse die Zügel los, und das blöde Vieh biegt in

Wir halten stets trockene Kleider und Feuerholz griffbereit. So können wir uns rasch wieder aufwärmen, wenn wir ein unfreiwilliges Bad genommen haben.

Folgende Doppelseite
Mitten im Fluß habe ich nur einen Gedanken: Hoffentlich greift die Panik von dem »Jungen« nicht auf die anderen Pferde über. Ansonsten heißt es loslassen und sich von den Hufen fernhalten.

Oben, von links nach rechts
Zu Pferd wird Montaine häufig wachgerüttelt. Deshalb braucht sie in der Mittagspause ihren Schlaf.

Für ihren Mittagsschlaf benutzen wir die Plane, mit der wir sonst die Packsättel abdecken, als Unterlage. Der Schlafsack ist stets griffbereit verstaut.

Wenn Montaine wach ist, verfolgt sie sehr aufmerksam, was um sie herum vorgeht. Sie versucht, die Rufe der Vögel möglichst genau nachzuahmen.

In der Umgebung des Lagers ist Otchum ihr wichtigster Begleiter und Vertrauter. Sie spricht viel mit ihm ... und er hört zu!

Rechte Seite
Ein Lagerplatz, wie man ihn sich jeden Abend wünscht. Eine fantastische Aussicht, das Wasser ganz nah und Sonnenschein – da lacht das Herz.

Richtung Diane ab und versucht, auf den Dicken zu klettern. Montaine schreit. Der reinste Horror.
»Beeil dich, schnell weg!« rufe ich Diane zu, während ich vergeblich versuche, den Jungen zurückzuhalten.
Diane tritt dem Dicken in die Weichen, und Montaine, bis zur Brust im Wasser, klammert sich an ihren Rücken. Ein paar Schwimmzüge, und ich bin bei ihnen. Ich helfe ihnen aus dem Wasser. Diane steigt vom Pferd, und ich ziehe Montaine aus dem Rucksack, der fest auf ihrem Rücken sitzt, und drücke sie ihr in die Arme. Montaine beruhigt sich sofort, als sie unsere gelösten Gesichter sieht. Wir entdecken einen verkohlten Baumstrunk, in den der Blitz eingeschlagen hat, und entzünden ein vier Meter hohes Feuer.
»Das war unsere letzte Flußüberquerung«, sage ich ohne Umschweife. »Nie wieder.«
»Diesmal hatte ich wirklich Angst«, gesteht Diane.
»Wir hatten alle Angst, zuviel Angst, sogar die Pferde.«
»Dann durchqueren wir den Finlay also nicht?«
»Nein. Der ist bestimmt noch tiefer. Bisher hatten wir Glück, aber wir sollten es nicht überstrapazieren.«

DIE ÜBERQUERUNG

Die gestrige Lektion hat Früchte getragen. In der Nacht sind mir neue Ideen gekommen. Im Schein des Feuers studiere ich die Karte, während ein Biber den Seitenarm durchschwimmt und dabei eine silberglänzende Spur zieht. Während ich ihm zerstreut zuschaue, stecke ich in Gedanken eine neue Route durch die Täler und Berge dieser Wildnis ab.
Statt den Finlay zu überqueren und dann nach Norden in die Cassiar-Berge vorzustoßen, in deren Herzen wir unsere Hütte bauen wollen, werden wir weiter dem Flußlauf folgen, bis wir nach etwa 80 Kilometern an eine Brücke gelangen, die man 1987 unweit einer Goldmine gebaut hat. Außerdem wurde südlich des Flusses ein Sumpf trockengelegt und ein behelfsmäßiger Flugplatz gebaut. Die Brücke verband den Flugplatz mit der Mine.
Wir müssen einen Umweg von 180 Kilometern machen, und zu Pferd ist das eine Menge, doch wir können die Hälfte der Strecke auf dem Weg zurücklegen, der von dem trockengelegten Sumpf zur Mine und von dort zu verschiedenen Schürfstellen im Norden führt.
Mal ziehen wir an der Bergflanke entlang, durch einen Wald aus Kiefern und jungen Tannen, den immer wieder große Lichtungen mit blühenden Wiesen unterbrechen, mal bahnen wir uns einen Weg durch die Weiden und Pappeln am Flußufer, wo Hornsträucher mit scharlachroten Früchten und Schafsbeersträucher mit schwarzen Beeren den Boden bedecken.
Am Abend des dritten Tages erreichen wir den Finlay. Es gießt in Strömen, doch wenigstens hat der Regen die Myriaden von Bremsen und Stechmücken vertrieben, die unsere Pferde in dem unwegsamen Gelände zwei Tage lang gepeinigt haben.
Bei der Vorstellung, eine Woche lang unter ähnlich widrigen Bedingungen dem Lauf des Finlay zu folgen, befällt uns eine gewisse Unlust. Wir verschlingen zum Abendessen eine gebratene Ente und flüchten, ohne die Knochen abzunagen, vor dem sintflutartigen Regen ins Zelt. Wann wird das endlich aufhören?
Am frühen Morgen spielen Kolkraben im Wind. Sie steigen senkrecht in den grauen Himmel und stürzen sich dann mit angelegten Flügeln, akrobatische Schrauben drehend, in die Tiefe, ehe sie knapp über den Baumkronen plötzlich die Flügel ausbreiten und langsam wieder aufsteigen.

Ich baue gerade am Feuer ein Kochgestell auf, als plötzlich ein Schrei ertönt. Ich fahre herum. Diane liegt stöhnend am Boden und hält sich den Kopf.

Wir brechen auf. Montaine trällert auf dem Rücken ihrer Mutter, und ihre Spatzenstimme schallt fröhlich durch die graue Landschaft.
Unser Marsch gleicht dem vom Vortag, doch es geht immer häufiger durch offenes Gelände, Sümpfe und blühende Wiesen. Wenn irgend möglich, meiden wir den Wald. Sträucher, Erlen und Hartlaubgehölze bilden einen dichten Dschungel, obendrein ist der Boden mit verkohlten Stämmen übersät.
Gegen Mittag erreichen wir einen ausgedehnten Sumpf. In einem Tümpel schwimmen zwei Singschwanenpaare, deren makelloses Weiß mit unglaublicher Klarheit vom silbrigen Braun des Wassers absticht. Wir umgehen das Hindernis. Manchmal versinken die Pferde bis zum Bauch in einem Schlammloch, das von Pflanzen wie Pfeilkraut und Fingerkraut überwuchert ist.
Während wir unseres Weges ziehen, überschlage ich im Kopf: Wie lange können wir noch Kaffee trinken, wie viele Fladenbrote backen? Doch plötzlich werde ich aus meinen Gedanken gerissen. Die beiden Packpferde sind im schlammigen Sumpfboden steckengeblieben und kommen nicht mehr von der Stelle. Trotz aller Anstrengungen gelingt es ihnen nicht, sich aus dem Morast zu befreien. Mit jeder Bewegung sinken sie tiefer ein.
»Schnell, nimm mein Pferd, schnell!«
Diane stürzt herbei, und Montaine bekommt einen Schreck. Sie sieht unseren angespannten Gesichtern an, daß etwas Bedrohliches im Gange ist, deutet auf die Pferde und bricht in Tränen aus. Der Weiße liegt erschöpft auf der Seite. Der Alte, vor ihm, schnaubt laut und rollt die vorquellenden Augen.
Ich nehme ohne Zögern einen Stock, schlage dem Alten mit aller Kraft auf die Hinterhand und brülle.
»Vorwärts! Hü, vorwärts!«
Diane kneift die Lippen zusammen.
»Vorwärts! Los! Los!«
Halb wahnsinnig von dem Gebrüll und den Hieben, stemmt sich der Alte aus dem Schlammloch.
»Geschafft!«
Jetzt der Weiße.
Dieselbe Methode, doch nach zwei Minuten sackt er entkräftet zusammen und kommt nicht mehr hoch. Bis zur Hüfte im stinkenden Schlamm stehend, nehmen wir ihm das Gepäck ab. Da wir an die Knoten nicht herankommen, schneiden wir die Seile durch. Dann unternehme ich einen letzten Versuch. Wenn es diesmal nicht klappt, bleibt mir nichts anderes übrig, als einen Kran herbeizuschaffen, um ihn herauszuziehen – beziehungsweise mit dem Karabiner seine Leiden zu verkürzen. Brüllend prügeln wir auf den Weißen ein. In panischer Angst wuchtet er sich aus dem Loch und entrinnt dem Grab, das er sich selber gegraben hat. Dann erklären wir Montaine, was los war und warum wir »die lieben Ferde« schlagen mußten. Endlich beruhigt sie sich.

Linke Seite
Wenn die Pferde in der Nähe bleiben, dürfen wir Montaine keine Sekunde aus den Augen lassen, sonst tollt sie hinter und zwischen ihren Beinen herum.

Durch das Marschieren oder Reiten wird Montaine alle drei Stunden in den Schlaf gewiegt. Wenn nichts Unvorhergesehenes passiert, schläft sie dann etwa eine halbe Stunde.

Bald wird Montaine selbstsicherer und entfernt sich vom Lager, immer gut behütet von Otchum.

Vorhergehende Seite
Ein Augenblick bescheidenen Glücks: Der Fang von ein paar Bachsaiblinge.

Rechte Seite
Wenn das Zelt endlich steht, sehnen wir uns nach Ruhe, doch Montaine, die unterwegs gut geschlafen hat, will unbedingt, daß wir angeln gehen, Tiere beobachten oder bei ihren Faxen zusehen.

Wir laden die mit klebrigem Schlamm überzogenen Säcke wieder auf den Weißen, der sich in einen häßlichen, grünlich schimmernden Braunen verwandelt hat. Montaine hat sich beruhigt und lacht schon wieder. Wir rasten, sobald wir den Waldrand erreichen, und entzünden ein Feuer. Montaine hält einen erholsamen Mittagsschlaf, die braune Patschhand auf Otchums Hals, der sich neben ihr zusammengerollt hat. Ein entzückendes Bild! Die abgesattelten Pferde ruhen sich aus, die Augen halb geschlossen, den Kopf gesenkt, ein Bein angewinkelt. Wir legen uns ins Gras und dösen. Wolken ziehen langsam über den bleiernen Himmel und zerreißen an den Bergen zu langen Fetzen.

IMMER SACHTE MIT DEN PFERDEN!

Am nächsten Tag erreichen wir die Stelle, wo die beiden Flüsse zusammenfließen. Der Finlay tost zu unseren Füßen und verhöhnt uns mit seinen überschwappenden, schlammigen Fluten. Bei der Strömung wären wir nie rübergekommen. Eine bucklige Wiese mit saftigem Gras schwingt sich vom Fluß zum Wald hinauf. Wir beschließen, auf einem Überhang am Fluß unser Lager aufzuschlagen. Wir sind mittlerweile gut aufeinander eingespielt, und die Arbeit geht schnell von der Hand.

Ich baue gerade am Feuer ein Kochgestell auf, als ein Schrei ertönt. Ich fahre herum. Diane liegt stöhnend am Boden und hält sich den Kopf. Montaine läuft weinend zu ihr. Der Junge hat sie getreten und voll am Kopf getroffen. Ich sehe schon die Beule. Außerdem hat sie eine Platzwunde, doch zum Glück ist sie nicht sehr tief. Diane ist noch so benommen, daß sie nicht aufstehen kann. Ich kühle die Wunde mit Wasser und gebe ihr zwei Aspirin. Sie blutet nur leicht, doch die Beule nimmt bedenkliche Ausmaße an. Sie hat den Tritt nicht kommen sehen.

Ich lasse Diane einen Augenblick allein und gehe zu dem Jungen. Ich versuche, ihm die Fesseln anzulegen. Dieselbe Ursache, dieselbe Wirkung: Der Huf pfeift an meinem Ohr vorbei. Zum Glück war ich gewarnt, sonst hätte ich das Hufeisen ins Gesicht gekriegt! Ich hole mir einen Prügel und ziehe ihm eins über. Das hinterhältige Biest bäumt sich auf und tritt mit den Vorderhufen nach meinem Kopf.

Ich bin wütend. Diane hat wieder etwas Farbe bekommen. Auch sie ist fest entschlossen, die Sache auszufechten.

Montaine läuft zwischen Diane und mir hin und her und deutet mit verstörter Miene auf das Pferd.

»Ferd böse, Mama Aua.«

Der Junge scharrt mit den Hufen und schnaubt vor Wut, weil er hier angebunden ist und zusehen muß, wie die anderen sich mit Gras vollstopfen.

Montaine kann nicht verstehen, daß wir ein Tier züchtigen, und Diane ergeht sich in Erklärungen.

»Nein, nein!« antwortet Montaine und schüttelt den Kopf.

Trotzdem müssen wir dem Jungen die Unart austreiben, jedesmal auszuschlagen, wenn wir ihm die Fesseln anlegen wollen. Der Bruder eines Ewenen, mit dem ich befreundet bin, bekam bei einer solchen Gelegenheit einen Huftritt gegen das Kinn. Er war auf der Stelle tot.

Ich unternehme einen erneuten Versuch, dem Jungen die Fesseln anzulegen. Dieselbe Reaktion. Diane hält ihn mit aller Kraft fest, und ich ziehe ihm eins über. Wieder steigt er in die Höhe und bäumt sich drohend vor uns auf.

»Noch haben wir nicht gewonnen.«

»Nein, aber er muß parieren, sonst müssen wir ihn wohl oder übel hierlassen. So ein Pferd kann ich nicht gebrauchen.«

»Du weißt genau, daß das nicht geht!«
»Ja, und deswegen müssen wir ihn kleinkriegen.«
Wir beruhigen Montaine, setzen sie auf einen Stein und sagen ihr, daß sie sich nicht von der Stelle rühren soll. Ohne auf ihr Gezeter zu achten, wenden wir uns wieder dem Pferd zu. Diesmal binden wir dem Jungen ein Seil um die Nüstern, eine sogenannte Nasenbremse. Der Schmerz nimmt ihm die Lust zu allzu heftiger Gegenwehr, kann allerdings nicht verhindern, daß er ausschlägt, eine neuerliche Züchtigung, und so geht es eine Viertelstunde lang. Dann erlahmen die Kräfte des Tiers, und wir hoffen, daß es seine Lektion gelernt hat.
Der Wind hat die Wolken vertrieben, und am Himmel funkeln tausend Sterne. Kälte hat sich auf die Erde gesenkt, und Rauhreif glitzert im Dämmerlicht. Ein Vogelkonzert unter Leitung eines unsichtbaren Dirigenten begrüßt den heraufziehenden Tag.
Eingelullt von der Musik, sitze ich an einem Feuer, das fröhliche Funken zum pastellfarbenen Firmament sprüht, schlürfe Kaffee und sauge die morgendlichen Gerüche ein.
Dann steigt die feurig schillernde Scheibe der Sonne hinter der gezackten Bergkette empor, und wir spüren mit unsagbarer Erleichterung ihre sanfte Wärme. Die Erde dampft, und graue Dunstschleier liegen auf den lichtüberfluteten Wiesen.
Zeit zum Aufbruch; doch wir zögern, in den Sattel zu steigen und in den schattigen Wald einzutauchen. Unsere Blicke begegnen sich und sagen dasselbe. Zum Teufel mit den Kilometern. Heute genießen wir die Sonne. Pause.

DIE LANDSCHAFT ÖFFNET SICH

Der Himmel brennt gerade ein Feuerwerk aus zuckenden Blitzen ab, als wir am 14. Juli auf einen Goldschürferpfad stoßen, der geradewegs zur Brücke führt.
»Glaubst du, daß sie noch da ist? Wenn der Weg nicht mehr benutzt wird und die Mine stillgelegt ist, könnte sie durch Eisgang zerstört worden sein«, sorgt sich Diane.
»Jetzt mal den Teufel nicht an die Wand!«
Doch die Brücke spannt sich solide über den Fluß und hält. Halleluja. In den kommenden drei Tagen überbieten wir unseren bisherigen Rekord klar: 130 Kilometer auf einem unbefestigten Weg, der zwar nicht mehr benutzt wird, aber in einem sehr guten Zustand ist.
Es ist eine wahre Freude, sich ungestört in den Anblick der Landschaft zu versenken, die Luftakrobatik eines Kolkraben oder die wilde Flucht einer Karibuherde zu beobachten. Der einzige Wermutstropfen: Otchum erlebt bei der Stachelschweinjagd erneut ein Fiasko. Als er zurückkehrt, sieht sein Kopf wie ein Seeigel aus.
»So ein Idiot!«
Ich habe ihm in einem unwirtlichen Sumpfgebiet 43 Stacheln aus der geschwollenen Schnauze gezogen, als plötzlich ein kalter Nordwind aufkommt und Regen einsetzt.
Es ist 18 Uhr, und wir müssen noch über vier Kilometer marschieren, ehe wir endlich einen geeigneten Lagerplatz finden. Montaine ist auf dem Rücken ihrer vor Nässe triefenden Mutter erschöpft eingeschlafen.

Oben links
Nicolas verzagt selten, aber manchmal ist die Stimmung auf dem Tiefpunkt.

Oben rechts
Einer der letzten Wapiti (der größte Hirsch der Welt). Höher im Norden bekommen wir keinen mehr zu sehen.

Linke Seite
Montaine hat nie Langeweile: ein Topf, ein paar Becher, mehr braucht sie nicht. Spielerisch ahmt sie unsere Tätigkeiten nach: kochen, packen, das Zelt aufschlagen …

Was für eine Freude, so wie hier Karibus zu überraschen. Das ist einer der Gründe, die mich zu dieser Reise bewogen haben.

Rechte Seite
Selten sind die Augenblicke, in denen ich allein bin, ohne Montaine. Ich nutze sie, um in der Stille abseits des Lagers neue Kraft zu schöpfen.

Folgende Doppelseite
Da wir gemächlich unseres Weges ziehen und der Geruch der Pferde den unseren überdeckt, können wir in aller Muße diese Wapitihirschkühe mit ihren Kälbern beobachten.

»Ich habe endgültig die Nase voll von diesem Regen!«
Diane wirft einen verzweifelten, haßerfüllten Blick zum Himmel, der voller schwarzer und grauer Wolken hängt. Einmal mehr schlingen wir hastig ein frugales Abendessen hinunter und flüchten ins Zelt. Wir legen unsere durchnäßten Kleider unter dem Vorzelt auf einen Haufen und schlüpfen in die Schlafsäcke.
Am späten Vormittag biegen wir vom Weg ab und kehren in den dichten Wald zurück. Die Sonne scheint, und wir sind bester Laune. Wir nähern uns dem Ende unserer Etappe zu Pferd, und das ist Balsam für unsere Seelen.
»Siehst du den hohen Berg dort? Dahinter liegt der See, unser eigener See.«
Diane betrachtet lächelnd die Landschaft.
»Endlich am Ziel. Irgendwo bleiben können und nicht mehr weiterziehen müssen. Herrlich!«
Ich teile ihre Begeisterung.
Seit 15 Jahren durchstreife ich den hohen Norden, habe an Tausenden von Plätzen mein Zelt aufgeschlagen und Zigtausende von Kilometern zurückgelegt, ohne jemals länger als eine Woche an einem Ort zu verweilen. Ich sehne mich danach, irgendwo länger zu bleiben, den Aufenthalt zu genießen und mich an der unberührten Natur zu berauschen, in der es so viel zu entdecken, zu lernen, zu sehen und zu hören gibt, wenn man sich nur die Zeit dazu nimmt. Und um ganz ehrlich zu sein, bin ich es leid, Tag für Tag weiterzuziehen, die Pferde zu satteln und wieder abzusatteln, abends das Zelt aufzuschlagen, um es am nächsten Morgen wieder abzubauen.
Seit wir vom Weg abgebogen sind, befinden wir uns auf der Nordseite eines Berges. Der Boden ist schwammig und von Bächen durchzogen, die zwischen den Erlen ein engmaschiges Netz bilden. Hin und wieder verdrängen Tannenhaine das Erlendickicht, in dem das Fortkommen besonders beschwerlich ist.
Mit zunehmender Höhe – wir überwinden 100 Höhenmeter pro Stunde – wird das Gelände offener. Die Tannen treten zurück und erlauben einen weiten Blick über das Land. Milchiger Dunst umhüllt die schneebedeckten Bergriesen am Horizont. Sobald der Ruf eines Vogels über die Tundra schallt, lächelt Montaine und versucht, ihn nachzuahmen. Es ist rührend, wie sie mit ihrem zarten Stimmchen zu den Vögeln spricht. Und wenn sie einmal nicht wie ein Vogel flötet, dann gilt ihre ganze Aufmerksamkeit Otchum.

Wenn sie ihn ruft, ahmt sie unseren Tonfall nach.
»Tschu-Tschu.«
Am Abend lagern wir auf einem kleinen Felsvorsprung mit Blick auf Dutzende von schneebedeckten Bergen, die majestätisch in den lila und gold gefärbten Himmel ragen. Vor uns erstreckt sich ein weites Plateau, übersät mit Seen und Bächen, die glitzernd das Abendlicht einfangen. Feierlich-gemessen, das Fell vom Wind gebauscht, scheint Otchum das Schauspiel zu genießen, während Montaine auf seinem Rücken sitzt und daumenlutschend dem Vogelgesang lauscht.

DURCH WÄLDER UND SCHLUCHTEN

Am nächsten Tag überqueren wir auf Karibupfaden eine weite Hochebene, über die ein eisiger Wind fegt. Von Zeit zu Zeit verschwinden wir völlig in den dichten Erlen. Wir verirren uns oft.
Endlich gelangen wir auf eine Flechtenmatte, die uns zum Paß führt. Auf der anderen Bergseite, dem sonnigeren Südhang, wachsen mehr Tannen. Es geht wieder durch dichten, feuchten Wald. Das Gelände ist sehr steil, und wir müssen gelegentlich ein paar Bäume fällen, um Platz für die Packpferde zu schaffen. Wir gelangen an einen Wildbach, den ziegelrote Felswände einzwängen. Die Passage ist schwierig, und so beschließen wir, hier unser Zelt aufzuschlagen. Während ich das Gelände erkunde, können die Pferde verschnaufen und auf der saftigen Wiese grasen, die sich vom Bach bis zum Wald erstreckt.
Bis zum Einbruch der Dunkelheit suche ich einen Weg durch das Labyrinth aus Felsen, Bäumen und Schluchten und komme endlich zu dem Schluß, daß es ratsamer ist, das Hindernis zu umgehen, also kehrtzumachen, an der Bergflanke entlangzuziehen und nach zwei oder drei Kilometern wieder ins Tal hinabzusteigen.

Wir möchten so schnell wie möglich ans Ziel kommen, und so brechen wir am nächsten Tag zeitig auf. Kaum steigt die rote Scheibe der Sonne hinter dem gezackten Gipfel eines Berges empor, verlassen wir den Wald und bahnen uns einen Weg durch die hohen Sträucher, die den Talgrund bedecken. Tautropfen, die in Trauben an Weiden und Erlen hängen, fangen das schräg einfallende Morgenlicht ein und zerlegen es in die Regenbogenfarben. Die grauen Nebelschleier schimmern perlmuttartig, und bei jedem Schritt präsentiert sich das Lichtspektrum unter einem neuen Blickwinkel.

UNWEIT VOM PARADIES

Wir bemerken ein paar Ziegen, deren schneeweißes Fell gegen einen ockerfarbenen Felsgrat absticht. Es ist, als wüßten sie, welch herrlichen Anblick sie vor dem tiefblauen Himmel bieten. Das Gelände ist ziemlich eben, und vom gleichmäßigen Schritt ihrer Mutter gewiegt, schläft Montaine auf ihrem Rücken ein. Das Regenwasser, das sich in der Talsohle angesammelt und den Boden durchtränkt hat, macht uns zu schaffen. Deshalb ziehen wir an dem etwas höher gelegenen Waldrand entlang, obwohl das Gestrüpp dort dichter ist. Otchum trabt mit seinem aufgerichtetem Schwanz vorneweg und scheucht allerlei Federwild auf: Schneehühner, Tannenhühner, Kragenhühner. Innerhalb von fünf Minuten ist das Abendessen gesichert. Montaine erwacht, beklatscht jeden Schuß und ruft:
»Bravo, Papa, bravo!«

Heute zurren wir das Gepäck besonders fest. Wir benutzen unsere Füße als Hebel und stemmen uns mit aller Kraft in die Seile und Gurte, um sie zu straffen. Die Pferde leisten Gegenwehr und blähen die Bäuche. Deshalb sind mehrere Anläufe nötig.
»Das wird ein harter Tag, Jungs.«
Der Dicke glotzt mich träge an, als wollte er sagen: »Jetzt geht das schon wieder los.«
Ich führe den Zug mit drei Pferden an. Diane bildet das Schlußlicht, mit Montaine auf dem Rücken. Geritten wird heute nur auf dem ersten Kilometer. Der Alte hat schnell begriffen, worum es geht. Drei Meter vom Ufer entfernt, watet er brav durchs Wasser und meidet die großen Steine auf dem Grund. Der Junge stellt sich weniger geschickt an. Er will partout ans Ufer, obwohl dort kein Durchkommen ist, und zerrt am Zügel. Zweimal rutscht er auf einem Felsblock aus, fällt hintenüber ins Wasser und bespritzt Diane und Montaine, die zu weinen anfängt.
Diane beruhigt sie, doch sie schüttelt den Kopf.
»Nein, Taitaine mag nicht, nein.«
Bei jedem Zwischenfall löst Montaine eine Kettenreaktion aus. Ein Pferd stürzt, sie beginnt zu brüllen und verursacht damit eine Unruhe, die zusätzlich an den Nerven zerrt. In Situationen, in denen ein Erwachsener Ruhe bewahrt, um mit einem Problem besser fertig zu werden, macht sich das Kind mit Schreien und Weinen Luft. Unsere Geduld wird auf eine harte Probe gestellt.
Wir verlassen das Wasser und erklimmen die Böschung. Auf dem abschüssigen Hang können die Pferde nur mit Mühe das Gleichgewicht halten. Sie stoßen einander, rutschen immer wieder weg und schnauben laut, wie um ihr Mißfallen kundzutun. Otchum hingegen ist in seinem Element. Er wirft den Gäulen abschätzige Blicke zu, als wollte er sagen: »Pah, ein Kinderspiel.«
Wir müssen häufig anhalten, um einen Packsattel zurechtzurükken oder völlig neu festzuschnallen. Dazu kommen Zwangspausen, um Tannen zu fällen oder Montaine zu beruhigen.
Diane beweist einen eisernen Willen. Sie beklagt sich so gut wie nie, obwohl sie heute mindestens zehn Mal allen Grund hätte, aus der Haut zu fahren. Wir kommen kaum voran.
»Wenn das bis zum See so weitergeht, kommen wir nicht vor dem Winter an!«

British Columbia: Traumlandschaften im Herzen der Rocky Mountains.

Linke Seite
Das Bilderbuch und die Puppe sind Montaines einzige richtige »Spielsachen«. Bald kann sie das Buch auswendig und »liest« Otchum daraus vor, der sofort einen Rüffel bekommt, wenn er nicht dasselbe Bild betrachtet wie sie.

Die Sterne funkeln an einem herrlich dunkelvioletten Himmel. Als wir spät am Abend vom Feuer aufstehen, haben wir das beglückende Gefühl, einen ebenso seltenen wie schlichten Augenblick erlebt zu haben.

Alles, was wir tun, wird von Montaine aufmerksam beobachtet. Jedes Gerät dient einem bestimmten Zweck.

Rechte Seite
Montaine ist glücklich: Papa und Mama sind rund um die Uhr für sie da. Eine besondere Beziehung verbindet sie mit ihrem Vater, dessen Herz vor Liebe zu seiner kleinen Tochter überfließt. Mit dieser »Reise« hat er ihr das schönste Geschenk gemacht.

Folgende Doppelseite
»Unser« See, endlich! Von hier aus gelangt man zu all den fernen Gipfeln und wildreichen Sumpfgebieten, im Sommer mit dem Kanu, im Winter mit dem Schlitten. Otchum bewundert ihn feierlich ... und beweist damit, daß auch ein Tier für die Schönheit einer Landschaft empfänglich sein kann.

Mit der Axt schlage ich uns eine Schneise. Nach gut einem Kilometer kehre ich um und fälle auf dem Rückweg noch zwei oder drei Bäume. Ich ertappe mich dabei, wie ich vom Winter träume. Ja, im Winter würden wir den See in fünf Minuten überqueren. Rauhreif würde unsere Gesichter umrahmen, und die Hunde würden über eine schöne harte Eisdecke galoppieren. Ich liebe den Winter. Ich fiebere ihm entgegen.
Wir kommen kaum zügiger voran als am Morgen, doch Montaine steckt uns mit ihrer guten Laune an, und das Ende des Sees kommt in Sicht.
Tatsächlich plappert die ausgeruhte Montaine pausenlos vor Vergnügen, obwohl der Marsch sehr beschwerlich ist.
Gegen 17 Uhr rasten wir auf einer Anhöhe an der äußersten Spitze des Sees. Ein paradiesischer Platz mit Ausblick nach allen Seiten. Dunst liegt über dem Tal zwischen den schneebedeckten Bergen und schimmert im rosigen Licht des Abends. Die Gipfel ragen in einen von roten und violetten Streifen durchzogenen Himmel und scheinen die Hälse nach uns zu recken.
Die Nacht bricht an. Die Sterne gehen auf und funkeln an einem herrlich dunkelvioletten Himmel. Als wir spät am Abend vom Feuer aufstehen, haben wir das beglückende Gefühl, einen ebenso seltenen wie schlichten Augenblick erlebt zu haben.

DA IST ER!

Noch bevor die Sonne über dem gezackten Horizont des Felsengebirges steht, sitzen wir wieder im Sattel, vergnügt, ungeduldig, aufgeregt und froh, bald am Ziel zu sein.
Die Sonne überflutet das Tal mit wohltuender Wärme, und der Wald dampft wie ein nasser Schwamm. Insekten aller Art schwirren im Licht. Wir wechseln in den Wald hinüber. Ich mache eine Peilung und behalte ständig den Kompaß im Auge, damit wir nicht vom Kurs abkommen. Der See, unser See, liegt in Vogelfluglinie drei Kilometer von hier.
»Wir sind bald da, Montaine.
Sie versteht den genauen Sinn meiner Worte nicht, doch sie spürt, daß ein wichtiges Ereignis bevorsteht. Sie wird ruhiger, beobachtet und lauscht aufmerksam. Seit wir in den Wald zurückgekehrt sind, habe ich Mühe, mich auf den Weg zu konzentrieren. Ich schaue mir alles genau an, speichere alles ab. Die abgestorbenen Bäume da hinten, schön trocken an der Basis, ideales Brennholz. Und die hohen Bäume dort, gerader Wuchs, wenig Äste, ideal für die Blockhütte. Ich betrachte alles unter einem pragmatischen Aspekt. Ich fühle mich schon wie zu Hause, kann es nicht erwarten, unseren Besitz zu erforschen, ihm seine Geheimnisse zu entlocken.
Wir kommen immer näher. Stellenweise wird der Wald so dicht, daß ich absteigen muß, um zu Fuß einen Durchschlupf zu suchen, ein, zwei Bäume zu fällen oder einen Packsattel loszumachen. Dann wird der Wald wieder lichter. Mit klopfendem Herzen nähern wir uns dem gelobten Land, in dem wir unseren Traum verwirklichen und fünf Monate lang wie Robinson Crusoe leben wollen.
»Schau, das Gras auf der Lichtung, herrlich«, ruft Diane mit begeisterter Miene.
Tatsächlich verdrängen mit zunehmender Höhe Felsen den Wald, und das Gras wird so spärlich, daß wir uns schon gefragt haben, wo unsere Pferde den Sommer über grasen sollen. Diese Lichtung in unmittelbarer Nähe des Sees gibt uns die Antwort.
»Da ist er!«
Der See schimmert blau und silbern zwischen den Kiefern. Bald treten wir hinaus auf die mit bunten Blumen gesprenkelte Wiese, die den Wald vom See trennt. Die schneebedeckten Berge spiegeln sich im blauen Wasser. Ihre funkelnden Gletscher fangen das silbrige Licht ein und werfen es auf die grüne Flanke der mit brau-

Ich bin sicher, daß Montaine sich diese Sensibilität, diesen ausgeprägten Sinn für die Natur bewahren wird.

nen und grauen Felsen durchzogenen Hänge zurück. Unsere Blicke verlieren sich auf den Almen, in dem wunderbar tiefgrünen Samt, der sich gegen das Blau-Lila des Himmels absetzt, an dem ein Adler anmutig und präzise seine Kreise zieht. Die Pferde gehen von allein zum Wasser, um zu trinken und sich die mit Mücken- und Bremsenstichen bedeckten Glieder zu kühlen.
Das Wasser ist hier nicht sehr tief, und unsere Tritte im Sand vermischen sich mit den Spuren der Bären, der Elche und, noch zahlreicher, der Karibus, die hierherkommen, um ihren Durst zu löschen. Wir sagen kein Wort und genießen den Augenblick.

IM GARTEN EDEN

Ich kann der Versuchung nicht widerstehen, unseren neuen Besitz abzuschreiten. Ich hänge mir den Karabiner über die Schulter, pfeife nach Otchum und ziehe los. Auf der Suche nach einem geeigneten Platz für unsere Hütte streife ich am Ufer entlang. Wir wollen in der Nähe des Flusses wohnen, aber doch so weit weg, daß uns das ziemlich laute und auf die Dauer sicherlich lästige Rauschen des Wassers, das hier aus dem See abfließt, nicht stört. Die Westgrenze des Geländes bildet der Fluß, die Ostgrenze eine wellige Uferzone mit malerischen Buchten, in denen sich Enten und Gänse tummeln. Dazwischen dehnt sich ein ziemlich ebener Streifen, der, rund 800 Meter breit, sanft zum See hin abfällt. Ich wandere vier- oder fünfmal hin und her und schließe einen Platz nach dem anderen aus, bis nur noch drei übrigbleiben. Der erste liegt ziemlich nahe am Fluß, auf einer kleinen, mit hohen Kiefern umsäumten Anhöhe, der zweite am Rand eines Sandstrands, etwas zurückgesetzt im Wald, und der dritte am äußersten Ostufer, auf einer von Tannen und Kiefern begrenzten grasbewachsenen Landzunge, die in die erste Bucht ragt.
Ich kehre zu unserem Lagerplatz zurück, wo Montaine gerade mit den Seetauchern plaudert und ihren Ruf nachzuahmen versucht. Ich wundere mich, wie gut sie Tierlaute imitieren kann, während sie noch große Mühe hat, einfache Worte richtig nachzusprechen. Man braucht Montaine nur zu beobachten, um etwa festzustellen, wie aufmerksam sie den Vögeln um uns herum lauscht: Seetauchern, Finken, Waldsängern oder den großartigen Seidenschwänzen, die in großen Trupps umherflattern und mit tremolierender Stimme singen. Wenn ein Biber in der Ferne durch eine Bucht schwimmt, fährt sie in die Höhe.
»Papa, Papa! Da, da«, ruft sie und deutet mit dem Finger auf das drollige Tier.
Ich muß sie dann auf den Arm nehmen, damit sie den Biber besser beobachten kann, und ihr alles über ihn erzählen.
»Wiesehn! Wiesehn!« ruft sie und winkt ihm.
Sie äußert nie das geringste Bedauern, wenn das Tier verschwindet. Sie weiß, daß ein wildes Tier tut, was es will, und daß man auf seine Entscheidungen keinen Einfluß hat. Wenn wir ihr aus dem Bilderbuch vorlesen, das wir für sie mitgenommen haben – es handelt von einer Kaninchenfamilie auf Reisen –, entdeckt sie sofort den Vogel, der, wie klein auch immer, unauffällig auf einem Ast sitzt, so daß der eigentliche Inhalt des Bildes zu kurz kommt. Ich bin mir sicher, daß sie sich diese Sensibilität für die Natur, die sie auf dieser Reise erwirbt, bewahren wird.

Der Maultierhirsch ist noch in über 4000 Meter Höhe anzutreffen, insbesondere so ein kapitales Exemplar wie dieser.

Linke Seite
Die Wahl des Lagerplatzes trifft Nicolas. Er hat dafür ein besonderes Talent. Mit einem Blick erkennt er, welche Stelle für uns und die Pferde ideal ist. Wo es Wasser gibt, eine Weide und trockenes Holz in unmittelbarer Nähe. Und wo sich die Landschaft von ihrer schönsten Seite zeigt.

UNSER BLOCKHAUS

Schließlich entscheiden wir uns für die gemütlichere Stelle am Rand einer Bucht, an deren Westseite goldenes Schilf ins flache, smaragdgrüne Wasser hineinwächst. Kiefern beschatten den Platz, an dem unsere Blockhütte stehen wird.

Seit drei Stunden können wir uns nicht entscheiden.
»Da hinten ist es schön eben.«
»Schon, aber man sieht die Berge im Westen nicht, und das wäre doch schade, sie sind so schön.«
Wir gehen von einer Stelle zur anderen, vergleichen, wägen ab, zählen alle Vor- und Nachteile auf, die uns die Entscheidung erleichtern könnten. Von den drei in Frage kommenden Plätzen schließen wir den auf dem Hügel aus: zu nah am tiefen Wasser und somit für Montaine zu gefährlich. Bleiben also noch zwei, einer wie der andere ideal, mit herrlichem Blick auf die Berge. Schließlich entscheiden wir uns für den gemütlicheren am Rand einer Bucht, an deren Westseite goldenes Schilf ins flache, smaragdgrüne Wasser hineinwächst. Kiefern beschatten den Platz, an dem unsere Blockhütte stehen wird. Ich spitze vier Pflöcke an und stecke mit Hilfe einer Schnur den Grundriß der Hütte ab. Dann hole ich die Axt.

Nachdem dieser Baum gefällt ist, wird er an Ort und Stelle entrindet. Ohne die borkige Rinde läßt er sich leichter ins Lager schleifen.

Vorhergehende Doppelseite
Vor der Abreise hätte ich nie gedacht, daß es uns gelingen würde, eine so »große« und schöne Hütte zu bauen. Die fünf Wochen harter Arbeit haben sich gelohnt. Das Ergebnis erfüllt uns mit tiefer Befriedigung.

Rechte Seite
Ohne den »Alten« hätten wir niemals so schwere Stämme transportieren können. Von unseren vier Pferden ist er ohne Zweifel das intelligenteste. Wenn ich nicht auf die Idee gekommen wäre, ihn als Schlepper einzusetzen, hätten wir keine so geräumige Hütte bauen können.

HOLZFÄLLEN

Wir suchen uns eine ziemlich dicke Kiefer, gerade gewachsen und ohne Äste auf den ersten sechs Metern, denn wir wollen einen Stamm, dessen Durchmesser möglichst gleichmäßig ist. Die tadellos geschärfte Axt beißt in das weiße Fleisch des Baums. Splitter spritzen, Späne fliegen. Keine zehn Minuten, und die erste Kiefer für unser künftiges Heim ist gefällt. Ich säge sieben Meter ab und versuche, den Stamm zu heben. Unmöglich. Er wiegt, vorsichtig geschätzt, annähernd 200 Kilo. Wir entrinden ihn, indem wir große Stücke entfernen, die sich wie Haut abziehen lassen. Darunter kommt die herrliche goldene Farbe zum Vorschein. Diane wird nicht müde, das vollkommen glatte Holz zu bewundern. Die Arbeit macht uns Spaß. Aber ob das auch noch in 14 Tagen so sein wird, wenn wir gut 100 entrindet haben werden? Ist ein Baum in kaum mehr als zehn Minuten gefällt, so brauchen wir für das Entrinden doppelt so lange.
Und dann kommt der schwierigste Teil: der Transport.
Wir machen uns auf die Suche nach den Pferden. Zum Glück liegt die Lichtung, auf der die Pferde weiden, in einer großen Senke mit einer fetten Wiese und einem Tümpel in der Mitte. Sie halten sich dort den ganzen Tag auf und ersparen uns so die Mühe, auf sie aufzupassen. Der Alte trottet uns wiehernd entgegen.
Wir legen ihm das Geschirr an, bestehend aus einem Packsattel nebst »Brustriemen«, an dem wir ein zehn Meter langes Seil befestigen. Fertig ist der Traktor. Jetzt müssen wir ihn nur noch testen.

Wir kehren zu der gefällten Kiefer zurück und räumen unterwegs Hindernisse aus dem Weg. Mit Hilfe eines Riemens, den wir zweimal um die Basis des Stammes schlingen, befestigen wir das Seil an dem Baum. Ich stelle mich vor den Alten, tätschele ihm den Hals und kraule ihm den Haarwirbel auf der Stirn. Dann führe ich ihn ein Stück nach vorn, bis das Seil sich strafft. Der Alte spürt den Widerstand, stemmt sich dagegen und zieht den Stamm von der Stelle. Die abrupte Bewegung hinter ihm überrascht ihn. Er schielt ängstlich nach dem riesigen Holzklotz, der ihn zu verfolgen scheint, und legt einen Zahn zu. Aber natürlich läßt sich der Stamm nicht abhängen. Ich versuche, den Alten vergeblich zu beruhigen oder wenigstens zum Stehenbleiben zu bewegen. In einer besonders schwierigen Passage, die mit verkohlten Baumstümpfen übersät ist, lasse ich ihn los. Der Stamm verkeilt sich und stoppt jäh die Flucht des Pferdes. Der Alte schnaubt laut, die Augen vor Entsetzen geweitet. Ich binde ihn los und führe ihn ein wenig herum, um ihn zu besänftigen.
»Ruhig, mein Alter, ruhig.«
Ich spanne das Seil, und wir gehen einen Meter. Das Pferd macht einen Schritt zur Seite und bleibt dann stehen. Ich lobe es nach Kräften. Wir legen noch einmal zwei Meter zurück. Dann wieder Pause. Die Leichtigkeit, mit der das Pferd 200 Kilo bewegt, beeindruckt mich. Es zieht den Stamm so locker wie ein Mensch zehn Kilo! Zum ersten Mal wird mir richtig bewußt, welche Kraft in so einem Pferd steckt. Kein Wunder, daß in der leistungsorientierten Welt des Automobils Motorenkraft in Pferdestärken gemessen wird! Nach und nach wird der Alte ruhiger. Er gewöhnt sich an die Vorstellung, daß der Stamm ihn zwar verfolgt, aber niemals einholen wird! Trotzdem gelingt es mir nicht, das Tempo zu kontrollieren. Immer wieder bleibt der Stamm an einem Felsen, einer Wurzel oder einem Baumstumpf hängen und bringt das Gespann abrupt zum Stehen. Trotzdem erreichen wir mit dem Vier-Zentner-Stamm in Rekordzeit den See.
Ich jubele. Ein Problem weniger.

HARTE ARBEIT

Die Grundriß der Hütte wird vergrößert, von 20 auf 30 Quadratmeter: fünf auf sechs Meter, dazu auf der Seeseite ein zwölf Quadratmeter großes Vordach, unter dem wir Brennholz und Werkzeug lagern können.
»Los, an die Arbeit.«

Ich kann es nicht erwarten, mit den Wänden der Hütte zu beginnen. Ich bin aufgeregt und glücklich wie ein kleiner Junge. Ich schultere die Axt und stapfe in den Wald. Zwei Stunden später habe ich acht Bäume gefällt. Ich kehre ins Lager zurück und ziehe einen Graben für die ersten logs. Diane geht in den Wald, um noch vor dem Abend zwei Bäume zu entrinden, und ich passe derweil auf Montaine auf. Der unebene, steinige Boden macht mir zu schaffen. Mit langen Stangen heble ich drei zentnerschwere Felsbrocken aus der Erde. Das Gelände steigt zum Wald hin leicht an. Um das Gefälle auszugleichen, muß ich für die beiden hinteren Stämme einen Graben ausheben, der bis zu einem halben Meter tief ist. Für die beiden vorderen Stämme genügt ein Graben von knapp zehn Zentimeter Tiefe.

Wenn ich im Wald die gefällten Bäume entrinde, paßt Nicolas auf Montaine auf … für sie ist Dabeisein alles!

Linke Seite
Nicolas hat schon immer von einer solchen Hütte geträumt. Aufgeregt wie ein kleines Kind macht er sich an die Arbeit. Er steht im Morgengrauen auf und arbeitet mit einer nicht nachlassenden Begeisterung bis zum Abend.

Folgende Doppelseite
Der See hat nur ein paar Grad, deshalb begnügen wir uns mit dieser Badewanne im Miniformat, in der wir Wasser erhitzen. Den Zuber hat uns das Wasserflugzeug gebracht, nebst den Hunden und anderen Dingen, die wir nicht mit den Pferden transportieren konnten wie die Fensterscheiben für die Hütte, den Holzofen und den Schlitten.

Als die Nacht sich über das Lager senkt, steht der Rhythmus der kommenden Wochen fest: 12 bis 14 Stunden Arbeit täglich, wenn wir noch vor dem ersten Schnee fertig sein wollen. Heute ist der 10. August. Uns bleiben also noch fünf Wochen. Ein Rennen gegen die Uhr beginnt. Wird die Hütte noch rechtzeitig fertig werden?
Ich liebe das Licht am frühen Morgen, wenn die Welt langsam und unaufhaltsam erwacht. Der See dampft wie ein Pferd, und die Gipfel der schneebedeckten Berge ringsum schillern in einem sanften, beruhigenden Licht. Dunst steigt aus dem kristallklaren Wasser auf, und eine Schar Enten flattert vor der Wolke, die reglos zwischen den Bergen hängt. Otchum ist mit mir aufgestanden, und sein Kopf ruht auf meinem Oberschenkel. An einen Baumstamm gelehnt, schlürfe ich heißen Kaffee und genieße das Schauspiel.

WELCH EINE RUHE!

Während ich am See sitze und den Gelbschenkeln zusehe, die über die Felsen hüpfen, wird mir bewußt, wie bedroht die Schönheit dieser unverfälschten Landschaft ist. In den vergangenen zwölf Jahren habe ich viele entlegene Gegenden durchstreift, und selbst wenn dieser Fleck Erde noch zu den letzten Refugien zählt, so weiß ich doch, daß auch seine Tage gezählt sind. Ein paar Goldminen, eine geplante Straße, und es ist vorbei.
Wenn Montaine so alt ist wie ich und hierher zurückkehrt, wird sie keine unberührte Natur mehr vorfinden. Wenn ich an morgen denke, verdunkelt eine schwarze Wolke die Sonne meines Glücks. Ich sinniere über die Eitelkeit des Menschen. »Der Mensch«, schreibt Cioran, »ist ein Tier, das versagt hat, die Geschichte ist seine Strafe.« Er hat recht, leider.

Diane und Montaine schlafen noch, als ich mit dem Alten zurückkomme. Ich lege ihm das Geschirr an, um die Bäume zu holen. Ich bin gespannt, wie er reagieren wird. Gestern habe ich für das Fundament der Hütte drei große Kiefern gefällt, jede gut fünf Zentner schwer. Wenn der Transport ohne Komplikationen klappt, müßte der Rest eigentlich ein Kinderspiel sein.
Ich mache den Stamm fest und binde das Seil um den Packsattel. Jetzt müssen wir es nur noch straffen.
»Sachte, ganz sachte.«
Der Stamm rührt sich nicht. Der Alte legt sich ins Zeug und bewegt die Masse mit einem Ruck.
»Langsam. Halt!«
Die Kiefer bleibt an einer dicken Wurzel hängen. Das Pferd schnaubt nervös.
»Ganz ruhig!«
Um den verklemmten Baum frei zu bekommen, muß ich hinten am Stamm ein zweites Seil befestigen, ihn mit Hilfe des Pferds zur Seite rücken und dann alles wieder vorn festmachen. Keine Chance, ihn allein zu bewegen. Es geht weiter. Diesmal manövriere ich uns geschickter durch die schwierigen Passagen. Wir gelangen ohne Probleme zum See, wo ich den *log* (das ist das Wort, das wir verwenden) neben den ersten lege. Ich bin begeistert. Nicht einmal eine Viertelstunde für einen Fünf-Zentner-Stamm!

Oben, von links nach rechts
Ein Suppenlöffel: das beste Werkzeug, das ich gefunden habe, um die Rinde abzulösen, ohne daß sie reißt.

Zentnerweise wird Moos als Isoliermaterial zwischen die Stämme gestopft. Eine mühsame, aber unerläßliche Arbeit.

Sobald die Wände stehen, haben wir einen geräumigen Laufstall für Montaine. Genial: Die Gefahr, daß sie alleine in den Wald läuft, ist gebannt.

Pflöcke und wenig Nägel: Alles wird verdübelt wie früher.

Linke Seite
Nicolas hat den Bau der Hütte sorgfältig geplant. Zum Glück hat er keines der unverzichtbaren Hilfsmittel vergessen, wie etwa diesen Flaschenzug.

Mit der Zeit sitzt jeder Handgriff. Wir werden immer geschickter und erledigen dieselben Arbeiten mit erheblich weniger Aufwand.

Schönes, trockenes Moos ist nicht immer leicht zu finden. Manchmal ist es naß wie ein Schwamm, und ich schleppe es mühsam auf dem Rücken zum Lager, wo ich es ausbreite und trocknen lasse, ehe ich es weiterverwende.

Mit einer gewissen Feierlichkeit trete ich ein letztes Mal zurück und begutachte Breite und Tiefe der ersten Kerbe, die ich gehauen habe. Noch ein paar Axthiebe, um die Kanten abzurunden, dann setze ich den Stamm ein. Er paßt fast millimetergenau. Doch die Kerben sind nicht das Problem, das Problem sind die Stämme, denn keiner ist wie der andere.

Die Schwierigkeit besteht in der Vertiefung, die ich am Stamm von vorn bis hinten anbringen muß, eine Art Nut, in die der darüberliegende Stamm eingepaßt wird. Zu diesem Zweck bringe ich die beiden Kerben an und wende mich dann dem nächsten *log* zu. Mit Hilfe eines Flaschenzugs, den ich an drei Stangen befestigt habe, drehe ich ihn drei- oder viermal, bis ich die Seite finde, die zu dem vorigen Stamm am paßt, dann ritze ich mit dem Messer Markierungen ins Holz, damit ich weiß, wie tief die Nut werden muß.

Bis Wände und Dach fertig sind, ist Ende August. Dann wird uns unser Freund Clarence mit seinem Wasserflugzeug nicht nur die Hunde bringen, sondern auch Fensterscheiben, einen Holzofen und eine kleine Kettensäge, mit der ich Halbstämme für das Dach und den Fußboden zusägen will.

Mit der Zeit bekommen wir den Dreh heraus, und bald sitzt jeder Handgriff. Ich liebe es, über das Holz der Stämme zu streichen, sie zu drehen und ihren Wuchs zu begutachten. Jeder Baum, jedes Stück Holz wird uns seine Geschichte erzählen. Unsere Hütte hat erst ein Viertel der geplanten Höhe erreicht, und schon stehen wir staunend und sprachlos davor wie junge Verliebte.

Mit anzusehen, wie die goldenen Wände emporwachsen und im Abendlicht in ihrem ganzen Glanz erstrahlen, entschädigt uns reichlich für die Arbeit.

Montaine, das zerzauste Haar voller Gras, ist schön wie eine Blume.

EINE HÜTTE AUS GOLD

So gern wir die Hütte auch bauen, manchmal sehnen wir uns danach, endlich fertig zu werden, damit wir in aller Ruhe die Berge erforschen und die Taiga durchstreifen können. Auf der ersten Etappe unserer Reise hat uns das Wetter wahrlich nicht verwöhnt, doch seit wir hier sind, läßt es keine Wünsche offen. Seit zehn Tagen lacht die Sonne von einem strahlendblauen Himmel. Wir arbeiten mit nacktem Oberkörper, und unsere Haut hat die Farbe alten Leders angenommen. Montaine, das Gesicht von der Sonne gebräunt und das zerzauste Haar voller Gras, strotzt vor Gesundheit. Sie macht sich prächtig und ist schön wie eine Blume. Immer häufiger besteht sie darauf, uns zu helfen, und so geben wir ihr ein Stück Kiefer zum Entrinden, einen Ballen Moos zum Abdichten, einen Nagel zum Einschlagen.

Heute morgen liegen vier mal fünf Stämme aufeinander. Bisher hat ein Sprung genügt, um ins Innere des Gevierts zu gelangen, jetzt sind die Wände so hoch, daß wir klettern müssen. Wir geben Montaine eine Beschäftigung im Innern der Hütte, damit sie uns nicht mehr ausreißen kann.

Leider währt unsere Freude nicht lange, denn Montaine hat den Trick schnell durchschaut und will rausgelassen werden.

»Morgen ist Pause, wir gehen in die Berge«, sage ich und hebe sie hoch.

»Ist morgen Sonntag?«
Wir wissen es nicht.

ENDSPURT

Heute ist ein großer Tag. Wir schleppen die letzten zwölf Kiefern ins Lager. Es regnet, aber das stört uns nicht. Wir wollen möglichst schnell fertig werden, damit wir endlich die Tür und die Fenster aussägen können. Erst dann können wir uns ein richtiges Bild von unserer Hütte machen.
Am 18. August sind die Wände endlich fertig, und wir sägen mit einem frischen Sägeblatt die Tür aus. Jeder auf einer Seite stehend, ziehen wir das Blatt mit Hilfe eines Stücks Holz, das wir an jedem Ende befestigt haben, hin und her. Das Geräusch, mit dem sich der Stahl in das weiche Holz frißt, ist Musik in unseren Ohren. Die Tür nimmt Formen an. Wir lächeln, als wir die Hütte zum ersten Mal durch die Tür betreten und wieder verlassen. Mit dem Mund ihrer Tür und den Augen ihrer Fenster lächelt uns die Hütte an, glücklich darüber, hier zu stehen. Sie bräunt in der Sonne und schimmert golden, wenn ihre Ecken die Sonnenstrahlen einfangen. Innerhalb von zwei Tagen sind die Bäume für den Dachstuhl gefällt, entrindet und zur Hütte geschafft. Drei Tage lang passen wir sie ein und prüfen immer wieder nach, ob die Schrägen auch schön symmetrisch sind. Am sechsten Tag setzen wir dem Ganzen die Krone auf: den Dachfirst. Wir sind stolz auf das Ergebnis unserer Arbeit und bilden uns etwas darauf ein. Zum Henker mit der Bescheidenheit!

DER SILBERNE VOGEL

Es gibt noch einen zweiten Grund, warum wir aufgeregt sind. Bald kommt das Flugzeug.
Hunde, Menschen, Verpflegung, Werkzeug, vielleicht Post. Das Leben!

Bei der Arbeit am Dach bin ich hochmotiviert. Ich kann es kaum erwarten, in die Hütte zu ziehen. Im Vergleich zum beengten Zelt kommt sie mir wie ein Palast vor.

Folgende Doppelseite
Endlich! Wir richten die Hütte ein. Wir ziehen um, noch ehe wir die Fensterscheiben eingesetzt und das Dach abgedichtet haben. Vom Zelt haben wir die Nase voll. Im Winter werden wir es noch früh genug wiedersehen.

Die beschaulichen Tage sind vorbei. Wir lauschen gespannt, suchen in der Hoffnung, etwas anderes zu entdecken als einen Vogel, unablässig den Himmel ab. Otchum spürt die Veränderung in unserem Verhalten. Unruhig läuft er umher und winselt, ohne zu verstehen.
»Wo bleibt es denn nur?«
Wir warten seit zwei Tagen. Es müßte längst da sein.
»Drei Tage Verspätung, das ist doch nicht normal. Jetzt kommt es überhaupt nicht mehr.«
Langsam wird die Sache bedenklich. Unsere Vorräte sind aufgebraucht. Kaum noch Milchpulver, kein Zucker, kein Fett, kein Mehl. Nichts! Fisch oder Fleisch, morgens wie abends.
Und wenn es nicht kommt? Wir können nicht anders, wir müssen uns diese Frage stellen, das Schlimmste heraufbeschwören, auch wenn wir keine Sekunde daran glauben, wie um unsere Befürchtungen zu zerstreuen und uns zu beweisen, daß unsere Sorge unbegründet ist.
Doch Stunde reiht sich an Stunde, Tage vergehen, die Stimmung sinkt.
Schließlich, als wir die Hoffnung schon aufgeben wollen, durchbricht Motorengeräusch die Stille. Gleich darauf erfüllt ein Dröhnen den Himmel, und die Maschine taucht über den Wipfeln auf. Sie fliegt eine weite Schleife, geht dann gischtsprühend auf dem Wasser nieder und gleitet auf uns zu. Durch die beschlagene Scheibe erkenne ich Nanook und Baikal, dann Jérôme mit Amarok und Ska neben sich, Clarence zwischen Voulk und Oumiak. Was für eine Fracht!
Der Schlitten, der an einen der beiden Schwimmer gebunden ist, gibt dem Ganzen obendrein eine beinahe unwirkliche Note. Die Tür geht auf. Mit gesträubtem Fell taxiert Voulk die Höhe, doch Baikal drängt von hinten nach, und die beiden Hunde stürzen ins Wasser, unmittelbar gefolgt von Amarok, Oukiok und Ska.
Montaine macht große Augen. So viele Hunde, ein Flugzeug, Menschen! Und das alles innerhalb weniger Sekunden. Das ist zuviel. Sie vergräbt das Gesicht in Dianes Haaren und ruft immer wieder:
»Taitaine Angst.«
Diane beruhigt sie, so gut es geht.
»Schau doch, das sind Otchums Söhne.«
Otchum, wir haben es geahnt, ist über die Neuankömmlinge nicht sehr begeistert. Er ist jetzt nicht mehr mit uns allein und spürt wohl, daß es mit dem Paschaleben vorbei ist.
Nach den Hunden steigt Jérôme aus. Wir fallen uns bewegt in die Arme.
Der Pilot, mein Freund Clarence, klettert als letzter aus der Maschine. Beim Anblick der Hütte pfeift er bewundernd.
»*What a good job, my friend.*«
»Aber wo sind denn die anderen Hunde und Alain?«
»In der Beaver war nicht genug Platz für alle. Ein Kumpel von Clarence kommt mit Alain, Kurvik und ...«

Oben links
Noch fehlen ein paar Zentimeter, aber was zählt, ist die gute Absicht.

Oben rechts
Montaine ist quietschvergnügt, sie spürt die Aufregung dieser Tage: die Vorfreude auf die Hunde, auf Neuigkeiten aus der Heimat. Die gute Laune ist ansteckend.

Linke Seite
Die Pferde finden nicht mehr genug Gras und bleiben immer häufiger in der Nähe der Hütte. Alain und Jerôme, die uns mit dem Wasserflugzeug die Hunde bringen, werden mit ihnen in die nächste Ortschaft reiten. Sie heißt nach Prince George und ist dreißig Tagesreisen von hier entfernt.

Der Tag bricht an. »Unser« See liegt da wie ein feuchtes Laken, und die Stämme glänzen wie Gold.

Jérôme hat den Satz noch nicht vollendet, da erscheint das Flugzeug über uns, und seine letzten Worte gehen im Motorenlärm unter.
Fünf Minuten später stehe ich meinem Kameraden Alain – Spitzname: »der dicke Costaud« – gegenüber, der mich auf der Expedition durch Sibirien begleitet hat. Bei ihm sind die Jüngsten des Gespanns: Kurvik und Uktu, inzwischen fünf Monate alt.
Wir bestürmen unsere Besucher mit Fragen. Wir sind so gierig nach Neuigkeiten, daß wir oft nicht das Ende der Antwort abwarten, um eine neue zu stellen.
Montaine hat nur Augen für die Meute. Die zehn großen Hunde erkunden die Gegend, streifen am Ufer entlang, durch den Wald, springen in den See und jagen Enten.
Clarence hat das Material und die Lebensmittel mitgebracht, die wir aufgelistet hatten. Außerdem hat ihm seine Frau eine Kiste mit selbstgezogenem Gemüse, Obst und Kuchen mitgegeben. Alain und Jérôme zaubern ein paar Überraschungen aus dem Rucksack: Wein, Käse und Wurst.
Am Abend wird geschlemmt. Während Diane und ich nur Augen für den Inhalt unseres Eßgeschirrs haben, bewundern Alain und Jérôme die Landschaft. Ihre Blicke verlieren sich am Horizont, während die Nacht sich wie ein Vorhang über diesen Freudentag senkt.

Kaum ist der Tag über dem schlafenden Camp heraufgezogen, probiere ich die Kettensäge aus, die mir Clarence zum Zusägen von Dach und Fußboden mitgebracht hat. Ich möchte wissen, wie lange wir für die Fertigstellung der Hütte noch brauchen. Doch auch mit ihrer Hilfe benötigen wir noch 200 Stunden, bis die Hütte fertig ist, und das bedeutet, daß wir mit unvermindertem Tempo weiterarbeiten müssen. Die Gipfel der höchsten Berge färben sich schon weiß.

ABSCHIED

Doch auch für Alain und Jérôme beginnt ein Wettlauf gegen die Uhr. Sie müssen mit den vier Pferden vor dem ersten Schnee in die Zivilisation zurückgekehrt sein. Die Zeit drängt. Letzte Nacht ist das Thermometer auf –5° C gesunken, und heute morgen bedeckt eine dünne Eisschicht die Bucht. Der Himmel ist voller Vögel: Gänse, Enten und Pfeifschwäne ziehen gen Süden und singen über unseren Köpfen alle dasselbe Lied: Der Winter naht!
Mit einem dicken Knoten im Magen sehen wir zu, wie die kleine Karawane das Lager verläßt und auf den Wald zuhält, der sie wenig später verschluckt. Kein Laut, nichts. Ein Gefühl der Leere überkommt uns. Eine tiefe Niedergeschlagenheit. Der Besuch der Freunde hat uns schlagartig bewußtgemacht, wie einsam wir sind. Wir stehen etwas verloren vor der Hütte, zu keinem Wort fähig. Diane hat rote Augen.
»Wie allein wir sind!«
Und zu allem Überfluß regnet es. Alles erscheint grau in grau ...
Wir arbeiten von Sonnenaufgang bis Sonnenuntergang – es gibt so viele verschiedene Dinge zu tun: Dach, Fußboden, Tisch, Fenster, Tür, Bett.
Nichts wird perfekt, doch wenn man berücksichtigt, daß wir nur über wenige Werkzeuge verfügen, acht insgesamt, kann sich das Ergebnis durchaus sehen lassen.

DIE INDIANERIN MEINER TRÄUME

Am 10. September regnet es immer noch. Der Himmel klart nur ganz selten auf, so daß wir keine Gelegenheit haben, die Farbenpracht des Indianersommers zu bewundern.

Der Anbeginn der Welt muß ein wenig unserer Geschichte geähnelt haben. Warum hat der Mensch diesen Weg nicht weiterverfolgt und das natürliche Gleichgewicht statt dessen dem sogenannten Fortschritt geopfert?

»So was nennst du Herbst? Seit drei Wochen haben wir keine Sonne mehr gesehen.«
Ich sehe Diane an, die, triefend vor Regen, Moos auf dem Dach verteilt. Mit ihren langen dunklen Haaren, ihrem gebräunten Teint, ihrer zierlichen, aber muskulösen Gestalt bekommt sie immer mehr Ähnlichkeit mit der Indianerin meiner Träume, die sich in der tiefsten Wildnis ebenso sicher bewegt wie auf einem mondänen Empfang. Offen gesagt, ich finde sie wunderschön. Der Wald steht ihr gut.
Ich liebe sie und sie mich. Ich bin hier sehr glücklich mit meiner Frau, meiner kleinen Tochter, meinen Hunden, der Hütte, und ich genieße diese Freiheit, die so groß ist, daß sie uns manchmal angst macht. Der Anbeginn der Welt muß ein wenig unserer Geschichte geähnelt haben. Warum hat der Mensch diesen Weg nicht weiterverfolgt?
Ich gehöre nicht zu denen, die das Rad der Geschichte zurückdrehen möchten. Meines Erachtens lassen sich Ökologie und Fortschritt durchaus miteinander vereinbaren, aber sie müssen Hand in Hand gehen. Die Welt schreitet zu schnell voran. Es wird Zeit, daß wir umdenken und entsprechend handeln.
Bevor wir die Tür zimmern, setzen wir die Scheiben ein, die uns Clarence gebracht hat. Das Thermometer zeigt – 5° C, und ein eisiger Luftzug pfeift durch die Hütte. Seit zwei Tagen brennt ständig ein Feuer im Ofen, doch die Wirkung ist gering. Die Wärme, die nicht durch die Tür- und die Fensteröffnungen abzieht, entweicht durch das halbfertige Dach.

Folgende Doppelseite
Wenn ich allein über den See paddele, überkommt mich ein tiefes Gefühl des Friedens, oder auch der Einsamkeit, wenn das Wetter trüb ist und mir aufs Gemüt schlägt …

Der Blick von unserer Hütte auf den See: eine Landschaft, die sich unablässig verändert und doch immer märchenhaft bleibt.

HUKACHIDA
D.N VANIER
1994

Wir arbeiten zügig, um dem Mißstand abzuhelfen, behandeln aber die Scheiben, die hier draußen unersetzlich sind, mit größter Vorsicht. Da wir gute Vorarbeit geleistet haben, brauchen wir für das Einsetzen nur einen halben Tag. Die Veränderung in der Hütte wird sofort spürbar. Es wird wärmer, und vor allem haben wir zum ersten Mal das Gefühl, nicht im Freien zu sitzen. Bevor wir die Tür zimmern, wollen wir den Fußboden fertigstellen. Drei Stunden lang säge ich zwanzig Stämme in zwei Teile und verlege sie dann bis in die Nacht hinein. Ich lege einen Halbstamm neben den vorigen, begradige mit der Axt die Kanten, damit sie sich gut zusammenfügen, dann gleiche ich mit unterschiedlich dicken Holzkeilen etwaige Unebenheiten aus. Schließlich nagele ich die Dielen und die Keile an die sechs querliegenden Stämme, auf denen der Fußboden ruht. Das Resultat kann sich sehen lassen. Wir finden unseren Fußboden sogar »einsame Spitze«.
Solange wir die Pferde noch hatten, haben wir so viel Bau- und Brennholz zur Hütte gebracht, wie wir zu brauchen glaubten, doch wir haben etwas knapp kalkuliert, Wir verbrauchen nicht weniger als 30 Holzklötze am Tag, doch nach wie vor verflüchtigt sich ein Großteil der Wärme durch Tür und Dach.
Wir sind also erleichtert, als wir, noch ehe das Dach fertig ist, die Tür einsetzen. Eine Arbeit, die mich vor die größten technischen Probleme gestellt hat. Es ist nämlich gar nicht so einfach, eine Tür zu zimmern, die auch aufgeht! Um so größer ist unsere Freude, als wir am Abend des 15. September unsere schöne Tür schließen und sich schon im nächsten Augenblick eine wohlige Wärme im Innern ausbreitet, die nun nicht mehr entweichen kann.
Wir essen im T-Shirt zu Abend und bewundern dabei durch das große Fenster den Sonnenuntergang über dem See. Draußen herrschen –9° C. Wir freuen uns wie Schneekönige.

SCHÖNHEIT, WOHIN DAS AUGE BLICKT

Ein paar Seeschwalben und Möwen schwimmen ruhig zwischen einer Schar Brillenenten, die in der Bucht niedergegangen sind. Graue Nebelschwaden liegen über dem See und schillern in den ersten Strahlen der fahlen Sonne. Das Kanu durchschneidet das Wasser mit einem kaum wahrnehmbaren Geräusch von zerreißendem Stoff. Ich gehe heute morgen allein in die Berge. Auf dem Kamm eines Berges, den zwei majestätische Gletscher schmücken, habe ich Schneeziegen erspäht. Zwischen den Gletschern zieht sich ein Felsband den Hang hinauf, links und rechts von schmalen Grasstreifen gesäumt, die großen Tieren wie Dickhornschafen und Schneeziegen als Weide dienen.
Ich mache einen großen Umweg und will versuchen, über eine Granitfelswand auf den Gipfel zu klettern, um mich dann von oben an die Tiere heranzupirschen. Ich ziehe das Kanu auf den kleinen Sandstrand. Jedesmal, wenn ich hierherkomme, verwische ich alle Spuren, damit ich später feststellen kann, ob in der Zwischenzeit Tiere hiergewesen sind. Diesmal entdecke ich die Abdrücke eines einsamen Karibubullen, dann die einer Grizzlybärin mit ihrem Jungen und schließlich die mehrerer Wölfe, ganz frisch, von letzter Nacht.
Die Bärin gibt mir Rätsel auf. Überall stoße ich auf ihre Spur, doch sie selbst bekomme ich nie zu Gesicht.
Wo versteckst du dich mit deinem Jungen? Ich würde dir gern einen Besuch abstatten und dein Baby bewundern.
Über die Wolfsspuren freue ich mich besonders. In den letzten zwei Wochen habe ich kaum welche gesehen. Ich durchquere den

Mit einer Beilage aus Trockengemüse sind diese Lachsforellen ein Festschmaus.

Linke Seite
In der Umgebung der Hütte wimmelt es von Schwarzbären, Schneeziegen und Karibus. Nicolas ist am Fernglas unschlagbar. In Rekordzeit entdeckt er auf einer Bergflanke das kleinste Lebenszeichen.

Mein Blick erfaßt eine solche Vielfalt neuer Kombinationen, daß wohl ein ganzes Menschenleben nicht genügen würde, um sich daran satt zu sehen.

Da wir mit Montaine häufig an die Hütte gefesselt sind, genießen wir diesen schönen Tag in den Bergen in vollen Zügen und sammeln einen Korb Blaubeeren.

Rechte Seite
Mit der Zeit lernt Montaine die Tiere besser kennen und Dickhornschafe (Foto) von Schneeziegen oder Elche von Karibus zu unterscheiden.

Sumpf und dringe an der Bergflanke, die ich erklimmen will, in den Wald ein. Der Aufstieg ist mühsam und beschwerlich. Der Hang ist sehr steil, und ich muß ständig die Äste verkrüppelter Tannen zur Seite biegen. Ich scheuche mehrere Hasen auf, dann einen Schwarzbären. Ich gehe bis zum Fuß des Gletschers, der sich an eine große, von Zwergsträuchern gesäumte Moräne schmiegt, und erklimme einen schroffen Felsen, der die Gletscherstirn überragt. Das Eis wirkt wie von Künstlerhand modelliert, und ein weiches, betörendes Licht umspielt seine Kanten. Hier und da schimmern ungleichmäßige smaragdgrüne Linien. Sie verlaufen quer zu etlichen Rinnsalen, die, kristallklar und blaßblau, einen sprudelnden Bach speisen, dessen Bett wie mit einer Axt in die Gletscherstirn gehauen scheint.
Eine halbe Stunde später erblicke ich vom Gipfel aus eine Landschaft von unglaublicher Schönheit. Ich sehe den gesamten See, alle Täler, die zu ihm hinführen, die Sümpfe, den Fluß, gut dreißig Kilometer weit, andere Gletscher, andere Seen, es ist märchenhaft.
Mein Blick erfaßt eine solche Vielfalt neuer Kombinationen, daß wohl ein ganzes Menschenleben nicht genügen würde, um sich daran satt zu sehen. Ich verschlinge die Landschaft mit den Augen, berausche mich an so viel Schönheit.

AUGE IN AUGE MIT DEN WÖLFEN

Ich schlendere eine Stunde lang über die Matten, bewundere die verschwenderische Farbenpracht der Flechten und mache mich gerade an den Abstieg durch den Wald, als aus dem Tal ein kurzes Bellen ertönt. Habe ich geträumt? Ich habe den Laut noch im Ohr und vergegenwärtige ihn mir wie die Momentaufnahme eines vorüberhuschenden Tiers. Ein tiefes, kräftiges Bellen. Ob einer der Hunde mir gefolgt ist? Ich spähe ins Tal. Dort, neben einer Zwergtanne, bewegt sich etwas. Ein grauer Fleck. Aufgeregt stelle ich mein Fernglas scharf. Ein Wolf, und zwar ein Prachtexemplar. Er steckt schnuppernd die Nase in die Luft, dann läuft er weiter. Er ist nicht allein. Ein zweiter folgt ihm, ein dritter. Ich zähle vier, fünf, zehn, elf Wölfe! Ein ganzes Rudel, einer hinter dem anderen, die Nasen am Boden. Das Herz schlägt mir bis zum Hals. Nichts, keine Begegnung macht mich so glücklich. Ich teile diese Leidenschaft mit Diane. Ach, wenn sie doch nur hier wäre! Wie sie sich freuen würde! Wie schön wäre es, wenn sie in diesem seltenen Augenblick bei mir wäre.
Vermutlich haben die Wölfe soeben ihren Unterschlupf verlassen, um auf die Jagd zu gehen, und das Bellen, das meine Aufmerksamkeit erregt hat, war wohl das Signal des Leitwolfs zum Aufbruch. Ich kann nicht anders, ich muß ständig an die seltsame Ähnlichkeit dieses Rudels mit meiner Meute denken, die ebenfalls aus elf Tieren besteht. Die Wölfe, die einander im Abstand von zwei Metern folgen, legen rund 100 Meter zurück, dann bleibt der Rudelchef stehen, und mit ihm alle anderen. Zwei verharren an Ort und Stelle, während vier Tiere nach rechts und fünf nach links ausschwärmen und sich etwas nach vorn absetzen, so daß die Gruppe eine Art umgekehrtes Hufeisen bildet. Der Leitwolf bleibt in der Mitte, die beiden Flügel streichen am Wald entlang. Alles geht ohne das leiseste Bellen oder irgendein anderes Signal vonstatten, wie ein sorgfältig geplantes und eingeübtes Gefechtsmanöver. Das Hufeisen hat sich in Bewegung gesetzt, und ich durchschaue sofort, was diese Formation bezweckt. Der Leitwolf und seine beiden Adjutanten, die 20 Meter links und rechts neben ihm traben, durchkämmen das Tal und durchqueren die Haine wie die

Ich bin auf der Leiter des Glücks so hoch geklettert, daß mir schwindlig wird.

Treiber bei einer Wildschweintreibjagd. Eine gefürchtete Methode. Sollte ein Elch in einem der Wäldchen stecken und vor den Räubern die Flucht ergreifen, ist er, ohne es zu ahnen, bereits umzingelt. Und tatsächlich, keine zehn Minuten später bricht ein junger Elch aus einem Erlengehölz hervor, in dem er vermutlich geschlafen hat. Die drei Wölfe hinter ihm beschleunigen nicht, im Gegenteil. Ich habe eher den Eindruck, daß sie das Tempo etwas drosseln. Ich sehe ein oder zwei Tiere, die an der Spitze des Hufeisens laufen. Im Gegensatz zu den anderen legen sie einen Zahn zu und traben hinter den ersten Bäumen im Wald. Der Elch läuft noch immer im Zentrum des Hufeisens, 200 Meter vor den Wölfen, die ihn aufgescheucht haben. Ich bin begeistert. Mein Blick springt von einem Verfolger zum anderen, dann wieder zum Elch, zurück zum Rudelchef. Mit geschmeidigen Sätzen überqueren die Wölfe einen Fluß. Ach, wie gern würde ich diese Szene noch einmal in Zeitlupe sehen. Alles geht mir viel zu schnell. Am liebsten würde ich jedes Bild, jede Sekunde festhalten, doch die Wölfe laufen weiter talaufwärts und der Abstand zwischen uns wächst. Vermutlich hetzen sie den Elch, bis er müde wird, dann lassen sie die Falle zuschnappen. Was würde ich darum geben, wenn ich dabeisein könnte! Doch der Elch ist bereits hinter einer Anhöhe verschwunden, und ein Wolf nach dem anderen entschwindet meinen Blicken. Das Tal liegt wieder wie verlassen da. Ich habe in meinem Leben schon viele Wölfe gesehen, wirklich viele, Einzelgänger und Paare, aber nur ganz selten ein so schönes Rudel. Ich lasse den Blick über die Berge schweifen. Ich danke ihnen von ganzem Herzen dafür, daß ich einen solchen Augenblick erleben durfte. Ob mein stummer Dank bei ihnen ankommt?

DER ERSTE SCHNEE

Ich liebe Symbole. Und heute werde ich geradezu verwöhnt. Kaum haben wir die letzte Dachlatte eingepaßt und angenagelt, beginnt es in schönen weichen Flocken zu schneien. Es ist kein nasser Schnee, der sich am Boden sofort in schmutzigen Matsch verwandelt, sondern schöner Pulverschnee, der die Erde weiß färbt, als hätte man Kalk verstreut.
Der erste Schnee des Winters.
Die Hütte ist fertig. Wir fühlen uns wohl darin, richtig wie zu Hause. Sie fügt sich harmonisch in die Landschaft ein und bildet mit ihrer goldbraunen Farbe einen schönen Kontrast zu dem Blau des Sees und dem Grün des Waldes. Der Schlitten ist unter dem großen Vordach geparkt, neben einem stattlichen Vorrat Brennholz, und wartet dort auf seine große Stunde. Das Kanu haben wir ins Uferschilf der Bucht gezogen. Der Platz der elf Hunde ist am Waldrand unter den großen Kiefern. Wir lassen immer zwei oder drei frei herumlaufen. Meist durchstreifen sie nur die nähere Umgebung, doch manchmal verschwinden ein oder zwei auch im Wald. Sie bleiben selten länger als vier Stunden fort, aber wenn sie ausreißen, zählen wir die Zeit, die sie sich in den Bergen herumtreiben, nicht mehr in Stunden, sondern in Stacheln. Denn bei ihren Streifzügen stoßen sie früher oder später unweigerlich auf ein Stachelschwein und bedrängen es so lange, bis einer von ihnen unliebsame Bekanntschaft mit seinem Nadelkleid macht. Noch bevor wir den Rückkehrer sehen, hören wir ihn winseln. Mit Geduld und einer Pinzette bewaffnet, bringen wir dann eine gute Stunde damit zu, die Stacheln zu entfernen.
Wir sammeln die letzten Heidelbeeren, ehe der Schnee die Taiga vollends unter sich begräbt. Montaine macht das immer noch sehr viel Spaß.

Der kleine Kummer währt nie lange. Am leichtesten läßt sie sich trösten, wenn man ihren Otchum ruft. Er entlockt ihr in allen Lebenslagen ein Lächeln.

Linke Seite
Wochenlang wasche ich immer wieder Montaines Kleider und warte darauf, daß sie endlich sauber wird. Sie hat begriffen, worum es geht, vergißt sich aber noch recht oft, weil sie zu sehr damit beschäftigt ist, ihre Puppe auf den Topf zu setzen! Ich möchte, daß sie bis zum Winter sauber ist.

Nach mehrwöchiger Trennung von der Meute bemüht sich Otchum, für Ordnung zu sorgen und seine Autorität wiederherzustellen. Montaine ist tief beeindruckt.

Rechte Seite
Zögernd untersucht Montaine das Tier, das uns eine schlaflose Nacht bereitet hat. Der Schwarzbär hat sich über unsere Vorräte hergemacht, aber nun wird er mit seinem schmackhaften Fleisch selbst den Verlust ersetzen.

»Mehr Heiben.«
»Nein, Montaine, das sind Heidelbeeren.«
»Heibeben.«
Sie ist von Kopf bis Fuß blau. Das ist kein Gesicht mehr, sondern eine einzige große Heidelbeere.
Am Spätnachmittag hat es aufgehört zu schneien. Die Berge ringsum sind völlig weiß und werden es vermutlich auch bleiben. Der Winter naht mit großen Schritten.
Montaine schläft tief. Der Ofen bullert behaglich, die Holzscheite knacken im Feuer. Eine wohlige Wärme erfüllt die von zwei Kerzen schwach erleuchtete Hütte. Wir sitzen am Tisch und lauschen dem wütenden Bellen unseres Schutzengels in der Ferne. Tag und Nacht geht Otchum mit Eifer seinen Pflichten nach und dankt uns auf diese Weise dafür, daß er frei herumlaufen darf.
»Was kann das sein?«
Es ist frustrierend, wenn man das Tier wegen der Dunkelheit nicht sehen kann.
»Es kommt näher.«
Diane hat recht. Das Bellen wird lauter.
Ich schnappe mir die alte Winchester, trete vor die Hütte und spähe in die Dunkelheit. Otchum und das Tier stecken im Erlengestrüpp. Ich kann nichts erkennen. Ein Brummen klärt mich über die Identität des Besuchers auf.
Nachsehen kommt nicht in Frage. Falls es sich um einen Grizzly handelt, wäre Nachsehen glatter Selbstmord.
Otchum läßt nicht locker. Drei Stunden lang bedrängt er den Bären, den wir nicht einmal zu Gesicht bekommen.
Montaine ist aufgewacht und fragt ihre Mutter:
»Ein Bär, Montaine.«
»Tschu-Tschu!«
Montaine hat Angst um Otchum. Und nicht nur sie.
Gegen drei trollt sich der Bär endlich. Otchum folgt ihm noch eine Weile, kehrt dann aber unversehrt zurück.
Ich schlafe endlich ein.
Um fünf geht das Theater wieder los. Gebell, Gebrumm. Mit einem Satz bin ich aus dem Bett.
»Wo willst du hin?« fragt Diane und streckt sich.
»Nach dem Bären sehen.«
Otchum tobt draußen.
Ich eile an seine Seite und brauche nur ein paar Meter in die Richtung zu blicken, in die seine Schnauze zeigt.
Ein Schwarzbär.
Ich zögere keine Sekunde. Der Schuß hallt mehrfach von den Bergen wider. Der Bär liegt tot am Boden, mit einer Kugel im Hals.

Heute abend sitze ich, bequem an die Hütte gelehnt, auf einem großen Holzklotz unter dem Vordach und bin besoffen vor Glück. Ich betrachte das Bärenfell, das zum Trocknen zwischen zwei Bäume gespannt ist, die Fleischstücke, die ausgebreitet auf einem Rost liegen, den Schlitten, das Kanu, die Blockhütte, die Hundemeute, Diane und Montaine, die Steine in den See werfen.
Und bald kommt der Winter und eine lange Fahrt mit dem Hundeschlitten durch die einsamen weißen Weiten. Das blaue Eis auf dem kältestarren See, die tiefe Stille, der Rauhreif, den unsere Münder ausatmen. Die Wölfe, die in eisiger Nacht heulen.
Unser Traum ist wahr geworden.

WARTEN
AUF DEN WINTER

Wir genießen dieses friedliche Leben in vollen Zügen. Am Abend, wenn die Dunkelheit wie schwarzer Rauch in die Täler quillt, kehren wir erschöpft in unsere Hütte zurück, die wie ein goldenes Fenster am Waldrand leuchtet.

Der Winter hält uns zum Narren. Erst tut er so, als sei er da, dann zieht er sich wieder zurück, unschlüssig und launisch wie ein junger Vogel, der mal hierhin, mal dorthin flattert und nicht recht weiß, wo er sich niederlassen soll.
Der Schnee ist geschmolzen, und ein feiner Dauerregen fällt auf die Taiga, die alle Pracht der letzten Tage verloren hat. Das scharlachrote Laub der Espen und Weiden, das der Landschaft eine heitere Note gegeben hatte, ist abgefallen, fortgetragen von einem Wind, der den See aufwühlt und schäumende Wellen aufwirft. Die Natur scheint zu grollen, verletzt über das geplatzte Stelldichein mit dem Winter. Auch die Hunde irren traurig am Ufer entlang, ungeduldig wie Matrosen, die sich danach sehnen, wieder in See zu stechen.
Wir haben Abdrücke von Wolfspfoten gefunden, die doppelt so groß sind wie die unserer kräftigsten Hunde. Diane gerät ins Schwärmen.
»Wenn ich doch nur welche sehen könnte. Wie gern würde ich mal einen sehen, wenigstens von weitem, nur mal sehen!«

Jeden Tag paddele ich eine Stunde vor Einbruch der Dämmerung mit dem Kanu auf den See hinaus und angle, und das bei jedem Wetter. Manchmal begleitet mich Diane, zur großen Freude Montaines.
»Schiff. Schiff!«
Heute abend gehe ich allein. Es ist kalt und feucht. Diane genießt die wohlige Wärme in der Hütte und liest Montaine aus einem Buch vor. Einem Vogelführer für Nordamerika.
Kaum habe ich, langsam gegen den Wind paddelnd und einen Köder hinter mir herziehend, die Bucht verlassen, da ertönt zu meiner Linken ein seltsam heiseres, aber melodiöses Heulen. Ein Wolf.
»Diane!«
Sie öffnet die Tür der Hütte. Ich winke ihr, und sie kommt mit Montaine ans Wasser. Erneutes Heulen. Sie bleiben wie angewurzelt stehen. Ich sehe, wie ein Lächeln ihre Gesichter erhellt.
»Wolf! Wolf!«
Ich lege die Hände trichterförmig an den Mund und ahme das Heulen des Wolfs nach.
»Aaouuuuuuuu!«
Der Wolf antwortet.
Ich heule noch einmal.
Der Wolf antwortet wieder.
Ein unvergeßlicher Augenblick. Ein unsichtbarer Faden verbindet das wilde Tier mit dem Menschen. Die Spannung ist fast mit Händen zu greifen. Was hat dieser Dialog zu bedeuten?
Der Wolf steht dicht am Ufer neben einem großen Felsen. Ich sehe ihn nur undeutlich. Ein regloser grauer Schatten, halb verdeckt von den Weiden.
Der Wolf heult ein letztes Mal, dann verschwindet er.
Ich fahre rasch zu Diane. Wir laden Montaine ein und paddeln mit kräftigen Stößen zu dem Felsen. Doch der Wolf ist fort und läßt uns mit demselben Gefühl zurück wie der Winter, als er sich nach seiner kurzen Stippvisite unvermittelt wieder zurückgezogen hat.
Der Wind flaut ab und legt sich dann völlig. Der See ist ein riesiger glatter Spiegel, in dem die Berge Kopf stehen. Das Kanu gleitet lautlos dahin. Wir scheuchen Wasservögel auf: Blauflügelenten, Pfeifenten, Reiherenten und ein paar Schwäne. Etwas weiter schwimmt ein Karibu durch eine kleine Bucht.

DER WINTER NAHT

Die Vögel verlassen uns einer nach dem anderen. Die Finken sind bereits fort, ebenso die Ammern. Die Enten sammeln sich, und ihr Geschnatter verhallt in der Nacht.
Wir paddeln oft auf den See hinaus, erkunden im Kanu nacheinander alle Täler, in die man auf dieser über 2000 Hektar großen Wasserfläche vordringen kann. Wir angeln Forellen, jagen Enten. Hin und wieder erklimmen wir einen Hang, der zu einem Paß,

Vorhergehende Doppelseite
Montaine will immer helfen und macht sich furchtbar gern nützlich. Ich für mein Teil liebe das trockene und dumpfe Knacken, wenn Holz gespalten wird. Das ist meine Lieblingsbeschäftigung, wenn ich mich abreagieren muß. Wir stapeln die Scheite an den Wänden der Hütte, das verbessert die Wärmedämmung … und hat etwas Beruhigendes.

Linke Seite
Glas oder Eis? Eines Morgens bringt Montaine ein großes Stück Eis. Es entgleitet ihr und zerspringt zu ihren Füßen in tausend Stücke. In Erwartung einer Gardinenpredigt sieht sie mich schuldbewußt an. Für ihren kindlichen Verstand sind Eis und Fensterglas eins. Wir haben ihr erklärt, daß wir im Winter sehr frieren müssen, wenn die Scheiben zerbrechen.

einem Hochsee oder einem Kamm führt. Unsere Freiheit ist grenzenlos. Wir genießen dieses friedliche und harmonische Leben in vollen Zügen.
Am Abend, wenn es dämmert und die Dunkelheit wie schwarzer Rauch in die Täler quillt, kehren wir ebenso erschöpft wie begeistert in unsere Hütte zurück, die wie ein goldenes Fenster am Waldrand leuchtet. Wir zünden den Ofen an und bereiten uns mit den Blaubeeren, Pilzen, Forellen oder Enten, die wir von unserem Ausflug mitgebracht haben, ein Abendessen zu.
»Heute abend mache ich ein Bärenragout.«
Draußen heulen die Hunde und begrüßen mit ihrem herzzerreißenden Lied eine schöne Sternennacht.
Montaine klebt an der Fensterscheibe und sieht den Hunden dabei aufmerksam zu.

Bis zum Winter mangelt es nicht an Arbeit. Nicolas ist mit Nadel und Zwirn geschickter als ich. Das trifft sich gut, denn unsere kleine Indianerin muß von Kopf bis Fuß neu eingekleidet werden.

Rechte Seite
Nicolas ist nicht mehr zu halten. Noch ehe der See zugefroren ist, spannt er die Hunde an. Er hat einen Pfad durch den Wald gehauen und beginnt mit dem Training der Meute. Die Hunden freuen sich darüber ebenso wie er. Montaine und ich fahren manchmal auf dem Schlitten mit. Auch wir müssen trainieren, ehe wir uns in das große Abenteuer stürzen.

Folgende Doppelseite
Montaine und die beiden Männer in ihrem Leben genießen die letzten Stunden des süßen Nichtstuns vor dem Winter. Bald ist die Sonne nicht mehr kräftig genug für einen Aufenthalt auf der Terrasse.

Doch das laute Knurren von Otchum und Oumiak, die beide frei herumlaufen, unterbricht den Gesang.
»Geht das schon wieder los!«
»Ich seh mal nach.«
Der Besucher, ohne Zweifel wieder ein Bär, bleibt im Schutz des Waldes und meidet das Seeufer, wo ich ihn im Mondlicht sehen könnte.
Der Krach hält die ganze Nacht an. Am nächsten Morgen, als der Tag graut, gehe ich hinaus, um mir die Spuren anzusehen. Ich brauche nicht lange zu suchen. Keine 100 Meter von der Hütte entfernt entdecke ich die Abdrücke eines mächtigen Grizzly.
Die Sache gefällt mir nicht. Er könnte Hunde töten, unsere Futterverstecke demolieren, Teile der Ausrüstung beschädigen oder, schlimmer noch, Diane und Montaine in Gefahr bringen, die sich ohne Waffe in der Umgebung der Hütte aufhalten.
Wir haben den Besuch von letzter Nacht fast vergessen, als der Radau am Abend gegen elf Uhr von neuem losgeht. Otchum schimpft lauthals, doch ich bezweifle, daß der Grizzly sich davon beeindrucken läßt. Mehrmals hören wir ihn durch den Wald schleichen und Zweige zerbrechen. Sein Brummen geht uns durch und durch. Wir bangen um die Hunde. Ohne die geringste Furcht streicht das Tier um sie herum. Wolken verhüllen den Mond, die Sicht ist gleich null. Auf gut Glück auf ein solches Ungetüm zu schießen kommt nicht in Frage.
Wir tun die ganze Nacht kein Auge zu.
Am Morgen ist der Grizzly fort.
Otchum kehrt mit heraushängender Zunge zurück.
Mit unguten Gefühlen gehe ich hinaus und ziehe eine Schadensbilanz.
Der Bär hat mehrere Futtersäcke aufgeschlitzt, das Zelt zerfetzt und das Gras um die Kiefern niedergetreten, in deren Geäst ich das Fleisch und einen Großteil unserer Lebensmittelvorräte versteckt habe: Fett, Zucker, Mehl, Trockengemüse. Die Rinde ist von oben bis unten aufgeschlitzt, und das weiße Holz schaut hervor. Ich bin beeindruckt und zugleich wütend auf den mächtigen Sohlengänger.
Ich baue ein zweites Versteck in einer Höhe von vier Metern und verstaue darin Zelt, Futtersäcke und alles, was einen Bären interessieren könnte. In der folgenden Nacht dasselbe Theater. Der Bär kommt der Hütte immer näher. Der geladene Karabiner hängt griffbereit über dem Bett. Wir fragen uns, ob das Raubtier die Tür

Wir trauen uns nicht mehr von der Hütte fort.
Die Situation wird unerträglich.

aus den Angeln reißen oder ein Fenster eindrücken wird, um ins Innere der Hütte zu gelangen.
»Ich habe Angst, Nicolas.«
Unsere Sorge wächst.
Montaine spürt es und schläft erst nach Stunden ein. Zehn – fünfzehnmal stehe ich in der Nacht auf und spähe nach draußen, doch es ist stockfinster.
Wir sind der Belagerung hilflos ausgesetzt.
Die Hunde haben Angst und mucksen sich nicht. Nur Otchum und Oumiak knurren und bellen ohne Unterlaß. Wir haben Angst um sie. Was, wenn der Grizzly die angeketteten Hunde angreift? Nicht auszudenken. Ein Blutbad.
Ich muß den Grizzly töten.
Leicht gesagt.
In der Nacht wäre das reiner Wahnsinn.
Zu der zermürbenden Geschichte mit dem Grizzly kommt das trostlose Wetter. Seit einem Monat pendelt das Quecksilber zwischen 10° C und –10° C und will einfach nicht tiefer sinken. Der graue Himmel entleert sich über den Bergen, dem See und der gesamten Taiga. Es ist, als habe die Sonne sich von der Erde zurückgezogen. Das Blau ist aus den Regenbogenfarben verschwunden. Zurück bleibt ein trübes Gemisch aus verwaschenen, bleifarbenen Tönen.
Wir sitzen stundenlang in der Hütte fest.
Die Zeit wird spürbar. Wir atmen sie, kleben an ihr, schleppen sie mit uns herum.
Wir ertappen uns mehrmals am Tag, wie wir in Richtung Thermometer schielen. Doch das Quecksilber verhöhnt uns und bleibt oberhalb des Gefrierpunkts hängen.
Nacht für Nacht kommt unser Kerkermeister wieder.
»Ich kann den Lärm nicht mehr ertragen.«
»Was können wir dagegen tun?«
»Nichts.«
Langsam, aber sicher geht mir der Bär auf den Geist. Eine geschlagene Woche dauert das Theater nun schon. Wir tun kein Auge mehr zu. Die Hunde zittern.

Wir trauen uns nicht mehr von der Hütte fort. Die Situation wird unerträglich.
Am 24. Oktober fällt endlich das Thermometer. Am Nachmittag klart es auf, und die Sonne bricht durch die Wolken und gießt ihr Licht über die Berge.
Nach drei Wochen Regen stürzen wir erleichtert ins Freie. Der See dampft. Die Berggipfel treten aus dem tristen Grau hervor und zeichnen sich scharf gegen den Himmel ab.
»Hoffentlich bleibt es so«, seufzt Diane.
In der Ferne steigen zwei Singschwäne in die Luft und streichen mit ihren weißen Flügeln am Horizont dahin.
Gegen 17 Uhr zeigt das Quecksilber bereits –17° C.
»Diesmal wird es richtig kalt, ihr spürt es.«
Und ob sie es spüren, die Hunde. Man muß sie gesehen haben. Sie vollführen Freudensprünge wie Welpen.

Linke Seite
Obwohl mir Zweifel kommen, ob ich die Kälte und die Einsamkeit ertragen kann, brenne ich doch darauf, mit Nicolas den nordischen Winter zu entdecken und dieser Leidenschaft nachzuspüren, die ihn seit zwanzig Jahren beseelt.

Folgende Doppelseite
Bei den ersten Ausfahrten im Kanu legen wir Montaine eine Schwimmweste an, weil sie partout nicht still sitzen will.

Gefrorener Fisch ist bestes Hundefutter. Wir wollen einen großen Vorrat anlegen, ehe der See zufriert.

Uktu und Kurvik sind schnell gewachsen und haben ihre Brüder fast eingeholt. Uktu schlägt ganz seinem Vater nach – nicht von ungefähr nennt Montaine ihn »Klein-Tschum«. Kurvik ähnelt mit seinem herrlich cremefarbenen Fell der Mutter. Tatsächlich schlagen die meisten Hunde Ska und nicht Otchum nach, als hätten sich die Erbanlagen der Grönländerin gegen die des Laika durchgesetzt. Baikal, die Nummer zwei in der Rangordnung nach Otchum, hat als einziger etwas von beiden. Doch nur Oukiok hat die schönen goldenen Augen seiner Mutter geerbt.
Ein Fall für sich ist Oumiak. Man könnte meinen, sie stamme aus einem anderen Wurf. Eine richtige kleine Wölfin, wild und schön. Sie ist Dianes Liebling. Diane versucht, sie zu zähmen, doch Oumiak läßt sich nicht zähmen. Sie ist richtig wild, zu wild.
Ich kann es kaum erwarten, mich mit ihnen in den frischen Schnee zu stürzen. Ich kenne wenige Dinge, die so viel Freude machen, wie über eine schöne weiße Piste zu gleiten und gelegentlich einen übermütigen Schrei auszustoßen,

ICH HABE KEINE WAHL

Das Thermometer fällt weiter: –19° C.
Um 18 Uhr kann ich den Lockungen des Sees nicht länger widerstehen. Ich schnappe mir Angelrute und Gewehr und paddele hinaus in die kleinen Buchten, die vom Ufer her bereits zufrieren. Dies dürfte mein letzter Angelausflug im Kanu sein, denn das Eis wächst unaufhaltsam.
Diane hat es vorgezogen, die letzten Heidelbeeren zu sammeln. Sie hat unweit der Hütte am Fluß eine schöne Stelle entdeckt.
Angeln bei 20 Grad Kälte ist nicht einfach. Wenn man den Köder herauszieht, erstarren die Wassertropfen an der Schnur augenblicklich zu Eis, so daß die Rolle ständig blockiert. Aber egal. Allein schon der Anblick des jungen Eises in der Abendsonne lohnt die Mühe. Das Spiel des Lichts, die eherne Stille, die kaum merkliche Spannung, die von der anziehenden Kälte ausgeht, das alles jagt mir wohlige Schauer über den Rücken. Als die Sonne versinkt und mit ihrem Streiflicht die Gipfel der rotschimmernden Berge umschmeichelt, paddle ich langsam zur Hütte zurück. Ich ziehe gerade das Kanu auf den weichen Sand der Bucht, da sehe ich ihn.
Der Grizzly!
Das Blut schießt mir ins Gesicht, mein Puls rast. Der Bär steht genau an der Stelle, wo Diane und Montaine Heidelbeeren pflüken wollten.
»Mein Gott!«
Ich stürze zur Hütte und reiße die Tür auf.
Diane und Montaine sind da und sehen mich mit großen Augen an.
»Was ist los? Ist was passiert?«
»Der Grizzly!«
Leider bleibt mir keine andere Wahl. Dieser Bär läßt sich durch nichts mehr aufhalten. Dem ist alles schnuppe, die Hunde, wir, die Schüsse und alles andere, was wir uns ausgedacht haben, um ihn zu vertreiben.
Ich habe keine Lust, ihn zu erschießen, und ich habe Angst. Und doch muß ich es tun, sonst geschieht früher oder später ein Unglück. Da Montaine bei uns ist, dürfen wir bestimmte Risiken nicht eingehen. Zum ersten Mal in meinem Leben werde ich auf ein Tier schießen, um mich zu verteidigen, und nicht, um es zu essen.
Wenn ich danebenschieße oder meine erste Kugel nicht richtig sitzt, wird er angreifen. In neun von zehn Fällen greift ein ange-

Um uns mit Frischfleisch zu versorgen, legt Nicolas jeden Tag Schlingen.

Linke Seite
Montaine weiß bald, daß sie Handschuhe anziehen muß, wenn sie mit Schnee und Eis hantiert, und trotzdem …

Seite 94
Montaine hat ein ungemein praktisches Lieblingsspielzeug: das Ohr von Papa oder Mama.

Seite 95
Diese vierzehn Kilo schwere Amerikanische Seeforelle ernährt uns mehrere Tage.

Leider bleibt mir keine andere Wahl. Ich muß diesen Bären töten.

schossener Grizzly an. Ich habe Angst, denn dieser gefährliche Sohlengänger imponiert mir. Gemessen an der Kraft und der Stärke, die er ausstrahlt, erscheint mir ein Elf-Gramm-Geschoß lächerlich, so rasant es auch fliegen mag.
Wie töte ich ihn mit dem ersten Schuß? Denn ich habe nur einen. Werde ich genug Zeit zum Nachladen haben, wenn der Bär nach dem ersten Schuß auf mich losgeht?
Ich ziehe es vor, nicht darüber nachzudenken, und konzentriere mich ganz auf die Durchführung meines Plans. Ich will mich unbemerkt an ihn heranpirschen, bis ich nahe genug bin, um einen tödlichen Schuß abzugeben.
Diane und Montaine sind aufs Dach der Hütte gestiegen. Von dort oben können sie das Geschehen gefahrlos verfolgen. Die Hunde sind angebunden, auch Otchum. Ich will nicht, daß der Bär gestört wird, während ich ihn beschleiche.
Ich prüfe den Wind, lade meinen Karabiner und verlasse wortlos das Lager. Ich spüre einen dicken Knoten im Magen.
»Nimm dich in acht, Nicolas, ich flehe dich an, nimm dich bloß in acht, er ist riesig!«
Der Grizzly ist noch immer an derselben Stelle, rund 300 Meter von der Hütte entfernt. Er trottet am Ufer auf und ab und beobachtet die Hütte mit boshafter und eroberungslustiger Miene.
Ich fasse ihn ein paar Minuten durchs Fernglas ins Auge, studiere sorgfältig seine Position und das Erlengestrüpp, das mir Deckung bieten soll. Dann schlage ich einen weiten Bogen, um in seinen Rücken zu gelangen und mich gegen den Wind an ihn heranzupirschen. Ich nähere mich langsam und geräuschlos im Schutz des Waldes. Eine Viertelstunde vergeht. Ich arbeite mich Meter um Meter vorwärts, achte auf jede Bewegung, jedes Geräusch ...
Da ist er.
Er ist nervös und ärgerlich, wenn ich sein ständiges Brummen richtig deute. Aus dieser Entfernung, höchstens 100 Meter, wirkt er noch imposanter. Ich bin fasziniert von dem riesigen Kopf, den dicken Backen, die im Kontrast zu den kleinen, wilden Augen stehen, die tief im dichten Fell liegen. Ich glaube nicht, daß er mich

gewittert hat, doch er wirkt übellaunig. Genau der Typ von Bär, mit dem man sich besser nicht anlegt. Doch das ist meine Chance!
Der Bär trottet, links und rechts schnüffelnd, langsam in Richtung Furt, zu der Stelle, wo sich der See in das Flußbett ergießt. Ich laufe im Wald neben ihm her. Er stürzt sich in die Furt und durchquert den Fluß.
Mist!
Er verschwindet im Wald. Die Nacht zieht herauf, und mit ihr die Kälte. Bald wird er zurückkommen und wieder die Hütte belagern. Ich bereue, daß ich nicht geschossen habe. Ich wollte es zu gut machen, und so habe ich die einzige Chance verpaßt, den Bären unschädlich zu machen, bevor er uns in ernste Schwierigkeiten bringt. Meine Angst weicht der Wut. Ein Knacken im Unterholz reißt mich aus meinen Gedanken.
Er kommt zurück!
Offensichtlich hat er beschlossen, zur Hütte zurückzukehren. Er kommt direkt auf mich zu! Ich verstecke mich hinter einer Baumgruppe, und nachdem ich mich vergewissert habe, daß mein Gewehr entsichert ist, nehme ich zwei Patronen in die Hand und lege auf den Bären an. Er durchwatet die Furt. Ich befinde mich etwas oberhalb von ihm, auf der Böschung 10 Meter vom Wasser entfernt.
Er kommt näher.
100 Meter.
80 Meter.
70 Meter.
Mein Gott, wie groß er ist!
60 Meter.
Ich habe noch nie einen solchen Bammel gehabt.
Schieß, verdammt noch mal, schieß!

Ich drücke ab. Die Kugel trifft den Bären mitten in die Brust. Er brummt fürchterlich, richtet sich zu seiner ganzen Größe auf und rudert mit den riesigen Pranken in der Luft, als wolle er einen unsichtbaren Feind in Stücke reißen.
Schnell, schnell, eine zweite Kugel.
»Beeil dich, Nicolas, beeil dich!«
Ich zittere leicht. Der Bär hat mich gesehen. In seinen kleinen Augen, die fest auf mich gerichtet sind, blitzt ein furchtbarer Haß auf. Er hat mich entdeckt, als ich das Gewehr geöffnet habe, um nachzuladen. Von den nächsten Sekunden hängt mein Leben ab. Von der Zeit, die der Bär braucht, um mich zu erreichen, oder die ich brauche, um die leere Patronenhülse herauszunehmen und die zweite Patrone hineinzuschieben. Ich darf das Tier nicht ansehen, das kostet nur Zeit. Der Grizzly fällt auf die Pfoten zurück und stürzt mit offenem Maul und blutunterlaufenen Augen auf mich zu.
Ich nehme die leere Patrone heraus, sie klemmt ein wenig. Ich versuche, die neue Patrone einzusetzen, doch ich weiß, daß die Zeit nicht mehr reicht. Ich höre, wie er näher kommt. Schrecklich, dieses Gefühl der Ohnmacht. Diese Sekunde, in der ich mein Leben verwirke. Dieser Bär, den ich töten wollte, wird mir mit einem Prankenhieb den Schädel zertrümmern, bevor ich das Gewehr wieder geschlossen habe. Noch während ich die Kugel in den Lauf schiebe, sehe ich aus dem Augenwinkel, wie zu meiner Linken ein schwarzer Pfeil naht und auf den Bären zufliegt. In vollem Lauf von dem unerwarteten Besucher gestoppt, lenkt der Bär seinen Angriff in eine andere Richtung und geht auf meinen Retter los: Otchum.
Ich habe keine Zeit, darüber nachzudenken, was geschehen ist. Ich schließe die Waffe und lege auf den Bären an. Der will gerade

Oben, von links nach rechts
Auch nach dem Eintreffen der anderen Hunde gehören Montaines zärtlichste Küsse Otchum.

Der Sonnenschein lockt uns vor die Tür, denn wir wissen, daß wir uns bald vor jedem längeren Aufenthalt im Freien warm anziehen müssen.

Früh übt sich, was ein »Musher« werden will: Montaine auf dem Schlitten.

Vorhergehende Doppelseite
Im Tiefschnee versinken die Hunde bis zur Brust, und wir müssen mit Schneeschuhen eine Piste stampfen. Wenn irgend möglich, reisen wir auf Seen und Flüssen.

Linke Seite
Wenn die Meute gemeinsam eine lange Klage anstimmt, überläuft mich ein wohliger Schauer, während Montaine mit ihrem glockenhellen Stimmchen versucht, die Hunde nachzuahmen.

Es besteht keine Gefahr, daß Montaine aus Versehen in den eiskalten See fällt. Wir haben die Hütte bewußt an einer Stelle errichtet, wo sich das Ufer sanft zum Wasser neigt.

Rechte Seite
In ein paar Tagen wird die Kälte den See mit einer Eisdecke überziehen. Dann werden uns die Hunde mit mehr als zwölf Stundenkilometer überall hinbringen ... Nur Geduld.

meinen wütend bellenden Hund angreifen, der sich ihm mutig entgegenstellt und mehrmals nur knapp einem blitzschnellen Hieb entgeht.
Ich ziele auf den Hals und drücke ab.
Der Bär bricht zusammen.
Es ist aus.
Ich gehe langsam zu Otchum. Meine Augen füllen sich mit Tränen des Dankes und der Liebe.
Otchum, der links neben der Hütte an eine Kiefer gebunden war, hat mit den Pfoten das Halsband über seinen Kopf gestreift und sich so befreit.
Er hat den Angreifer abgelenkt und mir dadurch ohne jeden Zweifel das Leben gerettet. Woher hat er gewußt, daß ich ihn brauchte? Durch welchen glücklichen Zufall hat er im entscheidenden Augenblick eingegriffen? War es überhaupt Zufall? Im Grunde interessieren mich diese Fragen nicht. Ich weiß nur, daß dieser überaus erstaunliche Hund zum wiederholten Mal seine Intelligenz und seinen Mut unter Beweis gestellt hat.
Während ich zur Hütte eile, um Diane vom glücklichen Ausgang der Kampfes zu unterrichten, bleibt Otchum bei dem Grizzly und

Ich habe auf den Winter gewartet. Diane hat ihn gefürchtet. Montaine entdeckt ihn.

paßt auf ihn auf, als befürchte er, er könnte wieder zum Leben erwachen.
Vom Dach der Hütte aus hat Diane das Geschehen, das sich hinter den Bäumen am Fluß abgespielt hat, nicht mitverfolgen können. Die Sekunden müssen ihr wie Stunden vorgekommen sein.
Ich renne, um die innere Anspannung abzubauen. Als ich bei der Hütte ankomme, hat sich mein Puls wieder etwas beruhigt, so paradox das nach einem Sprint durch den Wald auch erscheinen mag.
»Er ist tot!«
Diane und ich empfinden widerstrebende Gefühle. Erleichterung und Bedauern halten sich die Waage. Der dicke Teddy, der ausgestreckt zu unseren Füßen liegt, hat wenig Ähnlichkeit mit dem Grizzly, der uns das Leben schwergemacht hat. Nach Indianerart erklären wir dem Tier die Gründe für unser Tun. Ein stummes Gebet, bei dem wir das Gefühl haben, mit dem Geist des Bären in Verbindung zu treten. Nach Auffassung der Indianer kann die Seele des Bären erst in Frieden in die ewigen Jagdgründe eingehen, wenn sie dem Jäger gesagt hat: »Ich gebe dir meinen Pelz, meine Knochen und mein Fleisch.« Der Indianer bedankt sich. Im Frieden mit sich, nimmt er sich, was er braucht, und dieser Tausch wird zum Symbol einer wunderbaren Harmonie zwischen Mensch und Natur.

TIEFE STILLE

Heute morgen atmet das ganze Land eine eigenartige Stimmung und zwingt den Menschen, sich zu verneigen und der Allmacht der Elemente nachzugeben. Wir sind selbst erstaunt, daß wir von allein ganz leise sprechen, denn die Stimme trägt weit.
Die Einsamkeit des nordischen Winters hat keinerlei Ähnlichkeit mit der, die man im Sommer empfindet. Der Sommer bleibt menschlich. Der Winter verneint das Leben, beraubt alles, was sich regt, der Bewegung, dringt bis ins Mark der Bäume und läßt sogar die Wasserfälle erstarren. Der Winter herrscht unumschränkt. Er unterjocht das ganze Land, zwingt ihm seine Gesetze auf, und wer in seinem Schoß überleben will, muß sich fügen

Temperaturen zwischen −10° C und −20° C sind ideal für eine Schlittenfahrt mit Montaine. Dann kann sie die Nase aus dem Schlafsack stecken, in den sie hinten auf dem Schlitten eingemummt ist, und ihrer Lebensfreude freien Lauf lassen.

oder sterben. Der Winter fordert Respekt, Demut, Verzicht. Er geht hart ins Gericht mit jenen, die, psychisch oder physisch, von dem schmalen Weg abkommen, den er vorgibt und dem jeder folgen muß, der in die faszinierende Welt der eisigen Weiten vordringt.
Ich habe auf den Winter gewartet.
Diane hat ihn gefürchtet.
Montaine entdeckt ihn.
Er ist da.
In den letzten zwei Wochen haben wir die Abende damit zugebracht, nach Indianerart Montaines Kleidung zu nähen. Sie trägt stolz ihren herrlichen Biberpelzmantel, dazu Mokassins aus Elchleder und Strümpfe aus Koyotenfell. Sie sieht aus wie eine richtige kleine Schneeprinzessin. Wir betreten den zugefrorenen See.

Die Bremse greift knirschend ins Eis und bricht silberne Plättchen heraus, zerbrechlich wie Glas.

Ein riesiger, silberglänzender Spiegel, auf dem Montaine lange Zeit stumm und reglos verharrt, wie hypnotisiert vom Anblick des Wassers, das wie durch Zauber fest geworden ist. Sie versteht nicht. Sie betrachtet das Eis, bückt sich und betastet es.
»Kalt«, sagt sie lachend.
»Sieh mal da, unter dem Eis, eine Forelle!«
Diane ist ausgelassen wie ein Kind. Aus vollem Hals lachend, schlittert sie übers Eis, immer den jungen Hunden nach, denen das ungewohnte Geläuf nicht ganz geheuer ist. Otchum trabt, ganz Vorbild und dank seiner scharfen Krallen mit sicherem Tritt, stolz nebenher, wie es sich für einen Rudelchef ziemt.

UNSER ERSTER AUSFLUG

Als ich Otchum sein Geschirr anlege, ist er ganz ruhig, Ich lasse den Karabinerhaken einschnappen und spanne die Leine. Otchum nimmt von sich aus Platz.
Dann schirre ich Torok an. Er stammt aus dem ersten Vierer-Wurf und ist der Kräftigste von allen. Er trabt noch, wenn die anderen schon galoppieren. Ein prächtiger Hund, der auf Anhieb die Rolle des *wheel dog* ergattert hat. Auf dieser Position, direkt vor dem Schlitten, hat er den anstrengendsten Part und bekommt die meisten Stöße ab. Wenn es hart auf hart geht, kann er den Schlitten ganz allein ziehen.
»Sitz!«
Die Hunde kennen den Befehl genau, und zur Verdeutlichung hebe ich den Arm. Sie bleiben brav sitzen, winseln aber vor Ungeduld. Etwas abseits steht Diane, auf dem Arm Montaine, die unsere Darbietung mit großen Augen verfolgt. Sie registriert alles und plappert Befehle wie »Sitz«, »Platz«, »Ruhe« oder »langsam« nach, die ich mehrmals rufe.
»Gut, es kann losgehen. Ich drehe jetzt eine Runde. Wenn alles glattgeht, hole ich euch hier ab und wir drehen zusammen eine zweite.«
»Bist du sicher, daß das Eis hält?«
»Auf der Piste, die ich gespurt habe, ja.«
Ich löse die Leine, die verhindern soll, daß die Hunde ohne Kommando lospreschen, und grinse Otchum verschwörerisch an. Ich bin so bewegt wie am Tag meines ersten Hundeschlittenrennens. Ein intensiv erlebter Augenblick, der für mich eine symbolische Bedeutung hat, denn er ist der Lohn für die Anstrengungen, Mühen und Opfer mehrerer Jahre.

Meine Hunde sind eigenwillige Raufbolde und Jäger, die schwer zu halten sind. Sie bilden eine Meute mit einer sehr streng geregelten Rangordnung, in die der Mensch nicht hineinregieren darf.

Mein eigenes Hundeschlittengespann mit Otchum an der Spitze, diesem Hund aus dem tiefsten Sibirien, dem ein so außergewöhnliches Schicksal beschieden ist. Hinter uns die Hütte, die wir mit eigenen Händen gebaut haben. Dieses außergewöhnliche Fleckchen Erde, zu dem zurückzukehren ich mir schwor, als ich vor acht Jahren im Verlauf einer Expedition hier vorbeikam. Die Anwesenheit meiner Frau und der vor Freude strahlenden Montaine. Und dieses großartige Abenteuer, das wir in vollen Zügen genießen.

Vor lauter Glück brülle ich lauter als nötig. Ein Augenzwinkern hätte es auch getan.

»Los, Hunde!«

Torok wirft sich ins Geschirr. Mit demselben Elan preschen Baikal, Ska und Amarok los. Ich höre den trockenen Knall, als die Leine sich spannt wie die Saite einer Violine. Der Ruck fährt mir in die Hüften und jagt mir wohlige Schauer über den Rücken. Ich werde buchstäblich nach vorn geschleudert.

Ich trete leicht auf die Bremse und blicke mich um. Eine Garbe aus weißem Pulver scheint mir zu folgen. Ich winke Diane zu. Montaine beobachtet mich fasziniert. Was für ulkige Fragen ihr jetzt wohl durch den Kopf gehen mögen! Ich kann es kaum erwarten, sie abzuholen.

Otchum galoppiert geschmeidig an der Spitze, die Leine ist gut gespannt. Die Kufen knirschen über die vereiste Kruste, und der

Einmal mehr verweigern mir die Hunde den Gehorsam. Ich stehe auf der Bremse und warte darauf, daß Nicolas mir aus der Klemme hilft.

Bei –44° C kondensiert der Atem der Hunde augenblicklich und bildet eine kleine Reifwolke.

Schlitten gleitet mit einem gedämpften, rhythmischen Pfeifen dahin, untermalt vom Hecheln der Hunde. Die Anspannung fällt von mir ab, und ich sauge die kalte Morgenluft ein. Mit gesenktem Kopf folgt Otchum der Piste, ohne von ihr abzuweichen.
Der Wind pfeift mir ins Gesicht. Auf dem Rückweg tränen meine Augen, ich muß sie schließen. Ich verlagere mein Gewicht auf die Innenkufe, leider eine Idee zu spät. Der Schlitten kippt zur Seite und überschlägt sich dann mehrmals.
Ein schöner Zieleinlauf!
Diane kugelt sich vor Lachen. Otchum knurrt und versucht, wieder Ordnung in das Chaos zu bringen. Ich entwirre die verwickelten Leinen und richte das Gespann wieder aus.
Nanook, Voulk und Oumiak, die noch angekettet sind, machen unterdessen einen unerträglichen Radau. Oukiok und die beiden Jungen sind ruhiger, denn sie sind noch nicht der Leidenschaft des Ziehens verfallen. Sie bellen zwar, aber nur um bei dem Tohuwabohu mitzumischen, nicht aus Lust am Laufen.
»Ja, Nanook, jetzt bist du dran.«
Ich spanne ihn zusammen mit Voulk ein. Die beiden stammen aus einem Wurf und verstehen sich blendend.
»Sind sieben Hunde nicht zuviel, wenn Montaine mitfährt?« fragt Diane besorgt.
»Keine Bange. Wir lassen sie eine halbe Stunde laufen, dann werden sie schnell ruhiger.«
»Glaubst du wirklich, sie laufen eine halbe Stunde lang brav auf deiner Piste im Kreis?«
»Wenn es weiter nichts ist!«
Zweiter Start.
Montaine schwankt zwischen Angst und Freude. Eng an ihre Mutter geschmiegt, sitzt sie auf dem Schlitten und läßt sich nichts von dem Spektakel entgehen.
Wir drehen drei Runden ohne Zwischenfall. Die Hunde werden etwas ruhiger und finden ihren Rhythmus. Montaine ist überglücklich.
»Hooooo!«
Die Bremse greift knirschend ins Eis und bricht silberne Plättchen heraus, zerbrechlich wie Glas.
Montaine applaudiert begeistert.
»Ist dir nicht kalt?« fragt Diane.
»Nicht kalt«, antwortet Montaine und schüttelt den Kopf.
»Noch mal Hunde!«
Montaine fordert eine Zugabe.
Wir galoppieren eine gute Stunde über den See, ehe wir zur Hütte zurückkehren.

EIN EINMALIGES GESPANN

Vor mir hatte niemand eine Grönländerin mit einem sibirischen Laika gekreuzt, also einen Schlittenhund der Inuit mit einem Jagdhund. Das Produkt dieser Kreuzung, neun Welpen aus drei Würfen, hat meine Erwartungen noch übertroffen. Große, kräftige Hunde, gut gebaut und ungemein ausdauernd, Athleten, die 120 Kilometer traben können, ohne zu ermüden, aber auch in der Lage sind, eine 350-Kilo-Last durch Tiefschnee zu ziehen. Sie bilden eine Meute mit einer sehr streng geregelten Rangordnung, in

Montaine probiert die neuen Kommandos aus, die sie heute auf dem Schlitten gelernt hat.

Linke Seite
Wir verbieten Montaine ausdrücklich, allein zu den Hunden zu gehen. Sie meinen es nicht böse, aber sie haben nur Respekt, wenn man vor ihnen steht. Ein Kind, das hinfällt und wimmert, könnte zur Beute werden.

Häufig beneide ich Montaine um ihr warmes Plätzchen auf dem Schlitten.

Rechte Seite
Bei klirrender Kälte werden Familienausflüge in die Berge problematisch. Montaine friert im Rucksack schnell und muß sich häufig die Beine vertreten.

Folgende Doppelseite
Frühmorgens werden die Schlingen eingesammelt. Montaine applaudiert, wenn ihr Vater mit einem Hasen zurückkommt.

die der Mensch nicht hineinregieren darf. Der Mensch mischt sich nur in dem Maße ein, wie es nötig ist, um seine eigene Regel durchzusetzen: Nur er lenkt das Gespann.

LETZTE VORBEREITUNGEN

Mit Winterbeginn haben wir unseren Lebensrhythmus verändert und den Verhältnissen angepaßt, die Kälte und kürzer werdende Tage mit sich bringen. Unsere Blockhütte zeigt bislang keine Mängel, und darauf sind wir stolz.
Gegen sechs schlüpfe ich aus dem Bett, heize den Ofen ein und mache Frühstück, bestehend aus Kaffee und Crêpes. Außerdem backen wir in der Pfanne köstliches Fladenbrot. Zwei Wochen hat es gedauert, bis wir die richtige Mischung aus Salz, Mehl, Wasser und Hefe gefunden hatten. Backen ist ein regelrechtes Ritual. Brot hat dieselbe Symbolkraft wie Feuer, und das rückt es in den Mittelpunkt des Lebens. So wie das Feuer naturgemäß in der Mitte eines Lagers brennt, so steht das Brot stets mitten auf dem Tisch. Das eine wie das andere erfordert sorgfältige Vorbereitungen, trägt in der natürlichsten und einfachsten Form zum Überleben bei und verschafft ein Vergnügen, an dem alle teilhaben.
Feuer und Brot. Wo wären wir ohne sie?

Gegen halb acht erwacht Montaine und ruft nach mir.
»Papa, Papa, Taitaine Heia aus.«
Ich ziehe sie an und mache ihr das Fläschchen. Sie trinkt auf meinem Schoß, während ich mir noch einen Kaffee genehmige. Und wenn Diane langsam aufwacht, strahlt der Ofen bereits eine wohlige Wärme aus.
Noch vor dem Morgengrauen gehe ich hinaus und schirre sieben Hunde an. Ein siebenköpfiges Gespann läßt sich im Wald und auf den Bächen, an denen ich meine Hasenschlingen lege, gut lenken. Meine Freude ist grenzenlos, wenn ich mit dem unbeladenen Schlitten ohne festes Ziel, nur zum Spaß, durch die Gegend fahre und durch die weißen Weiten gleite.
In der Zwischenzeit zieht sich Diane in der Hütte in aller Ruhe an, spielt mit Montaine und räumt auf. Wenn ich zurückkehre, ist es bereits Tag. Ich tausche ein paar Hunde aus, dann machen wir einen Familienausflug. Wir holen im Wald trockenes Holz oder drehen einfach eine Runde auf dem See, fahren, um die Hunde zu trainieren, einen Bach hinauf oder erkunden einen anderen, der in den ersten mündet.
In der Regel kehren wir gegen zwei Uhr zurück, denn wir wollen Montaine nicht allzu lange der Kälte aussetzen oder, was noch schlimmer wäre, den Hunden den Spaß am Ziehen verderben. Schießlich wollen wir bald nach Alaska aufbrechen. Vor uns liegt eine dreimonatige Reise.

MEINE KLEINE SCHNEEPRINZESSIN

Bei –44° C kondensiert der Atem der Hunde augenblicklich und bildet eine kleine Reifwolke.
Montaine sieht großartig aus. Rauhreif klebt an ihren langen Wimpern, pudert ihre Wangen und glitzert in den zwei, drei Haarsträhnen, die unter den drei übereinandergestülpten Kapuzenmützen aus Wolle hervorschauen.
»Du bist schön, mein Schatz, wunderschön, eine richtige kleine Schneeprinzessin.«

Montaine sieht großartig aus. Rauhreif klebt an ihren langen Wimpern, pudert ihre Wangen und glitzert in den zwei, drei Haarsträhnen, die unter den Kapuzenmützen hervorschauen.

Montaine strahlt übers ganze Gesicht und freut sich auf den »Ausflug«. Wir haben ihr erklärt, daß wir heute in die Berge fahren, um Karibus und vielleicht auch Wölfe zu beobachten. Auch Diane ist schön mit ihren langen, rauhreifbestäubten braunen Haaren. Mit makelloser Klarheit geht über den Bergen die Sonne auf und gießt reines, gleißendes Licht über den See.
»Los, ihr Hunde!«
Wir durchqueren den Wald auf der Piste, die wir zum Holzholen angelegt haben, und biegen dann nach links auf eine zweite Piste ab, an der wir Hasenschlingen gelegt haben.
Eine Dreiviertelstunde später gelangen wir in das kleine Tal, das wir zu Pferd durchquert haben.
»Erinnerst du dich noch an die Pferde, Montaine, an den Weißen, den Alten? Weißt du noch?«
»Ferde!«
Natürlich erinnert sie sich.
Ich ziehe die Schneeschuhe an und trete unmittelbar vor Otchum den tiefen Schnee nieder, damit die Hunde beim Ziehen nicht einsinken. Es erfüllt uns mit einem gewissen Stolz, daß wir bei dieser Kälte hier sind und ein so gutes Bild abgeben.
Montaine plappert vor sich hin, denkt sich Lieder aus. Ihre Stimmt klingt glockenhell in der winterlichen Stille.
Wir sind seit vier Stunden unterwegs, und alles läuft bestens. Die kleine Heizung, die ursprünglich dafür sorgen sollte, daß die Kamera nicht einfriert, und jetzt Montaines Daunenanorak wärmt, funktioniert tadellos.
Gegen Mittag erreichen wir die kahlen Gebirgsmatten. Hier brauchen wir keine Schneeschuhe, keine Piste. Eine Herde von mehreren Hundert Karibus hat in der Tundra Pfade und mehrere Meter breite Wege ausgetreten, die in alle Richtungen führen.
Mehrere frische Wolfsspuren kreuzen die Karibupfade. Wir staunen über die Pfotenabdrücke. Sie sind doppelt so groß wie die unserer kräftigsten Hunde. Montaine hat genau verstanden, worum es geht, beugt sich vor und reißt die Augen auf:
»Wölfe!«
»Ja, Montaine, das sind die Wolfsspuren.«
»Taitaine Wölfe sehen.«
»Sie sind im Moment nicht da, Montaine. Sie jagen Karibus.«
»Wölfe essen Ibus.«
Wir rasten am See, unweit der Stelle, wo wir im August unser Zelt aufgeschlagen hatten. Wir erinnern uns an eine große, blühende

Wiese, an Goldruten, Kreuzkraut und Glockenblumen, die sich mit dem hohen, saftigen Gras im warmen Sommerwind wiegten. Wir vermissen die Farben, die Geräusche, die Gerüche. Wie gern würden wir, nur für einen Moment, das Blau eines Vergißmeinnichts bewundern, seinen Duft einatmen und dabei dem Gesang eines Weißkehlammerfinken lauschen. Doch wir haben nichts von alledem. Das Weiß und die Stille beherrschen unsere Tage.
Wir gleiten dahin, ohne zu sprechen, ganz in den Anblick der Märchenlandschaft versunken, die langsam an uns vorüberzieht. Wir berauschen uns an der eisigen Klarheit des Firmaments, der absoluten Stille, die über allem liegt, dem Licht, das die gezackten Kämme umspielt. Aus dem Schatten des Tals blicken wir bewundernd zu dem himmlischen Feuer am Horizont, wo die Gipfel der Berge, die mit heiterer Majestät in den azurblauen Äther ragen, in rote Glut getaucht werden. Ein Anblick, der das Leben bereichert.

AUF ZU NEUEN HORIZONTEN

1. Januar.
Der Tag der Abfahrt rückt näher. Im Hochland ist endgültig die strenge Kälte eingezogen und hat bestimmte Abschnitte des Flusses, auf dem wir gar nicht mehr reisen wollten, zufrieren lassen. Wir geben die Piste auf, die wir zu den Gebirgsmatten gespurt haben, und unternehmen auf der Eisstraße des Flusses Erkundungsfahrten nach Norden. Montaine hat sich dem Winter vollkommen angepaßt, und lange Ausflüge auf dem Hundeschlitten gehören für sie mittlerweile zum Alltag. Sie hat gelernt, der Kälte standzuhalten wie ein richtiges Eskimomädchen. Diane wundert sich über sich selbst. Sie hält sich hervorragend und gewinnt dieser harten und so gefürchteten Jahreszeit ungeahnte Reize ab.

Doch die Tage sind kurz, und die langen Abende werden etwas eintönig. Wir brennen darauf, zu neuen Horizonten aufzubrechen, auch wenn wir der großen Winterexpedition in unbekanntes Land mit bangem Herzen entgegensehen.
Manchmal stellen wir uns vor, wie es wohl sein wird, wenn wir nach acht Monaten abseits der Zivilisation wieder in ein Dorf kommen. So viele Kilometer und Wochen trennen uns noch davon ... Das Ziel erscheint uns so fern!
»Was glaubst du, wie viele Wochen brauchen wir?« fragt Diane.
»Wenn es uns gelingt, 60 Kilometer Piste zu spuren, also von hier bis zum Ausgang des Canyons, können wir es meines Erachtens in vier Wochen schaffen.«
»350 Kilometer in vier Wochen?«
»Am Anfang können wir nicht mit dem ganzen Gepäck reisen. Wir müssen die Strecke zweimal fahren.«
Man läßt die Hälfte des Gepäcks im Lager zurück, fährt bis 16 Uhr, baut das Zelt auf, flitzt auf der mittlerweile gut präparierten Piste zurück, holt die Säcke und so weiter.
»Aber warum nehmen wir nicht gleich alles mit?«
»Am Anfang haben wir 300 Kilo auf dem Schlitten, inklusive 200 Kilo Hundefutter. Der Weg führt durch tiefen Schnee. Wir müssen mit den Schneeschuhen vor den Hunden eine Piste anlegen, und eine so schwere Last können sie nicht ziehen. Außerdem baut sie das wieder auf, wenn sie am Abend mit leerem Schlitten über eine schön harte Piste traben können.«

Viele Kilometer und Wochen trennen uns von dem ersten Dorf.

Montaine schmollt, weil wir wegen der Reisevorbereitungen weniger Zeit für sie haben.

Seite 110
Immer wieder müssen wir anhalten und die ungefährlichste Passage suchen.

Seite 111
In meiner Tasche warm gehalten: das unverzichtbare Fläschchen zu Mittag.

Linke Seite
Bald müssen wir auf die Wärme der Hütte verzichten und Abend für Abend das Zelt aufschlagen.

DER LANGE WINTER

Wir werden so langsam reisen, wie es die Umstände erfordern, ich werde so oft hin und her laufen wie nötig, aber Montaine wird ohne Risiko reisen. Ohne jedes Risiko.

Vorhergehende Doppelseite
Allein ein solcher Tag lohnt die Reise. Unsere gute Laune ist ansteckend. Montaine ist immer sehr lieb, wenn wir zügig vorankommen. Müssen wir uns dagegen durch Tiefschnee oder Eismatsch quälen, drückt ihr Gequengel zusätzlich auf die Stimmung.

Rechte Seite
Wenn ich den Schlitten schiebe, gebe ich mein ganzes Liedrepertoire zum besten, um Montaine bei Laune zu halten, und wir modeln zusammen den Text um: »Schlaf, Montaine, schlaf, auf dem Schlitten brav ...« Sie wiederholt den Text mehr oder weniger genau, amüsiert sich aber prächtig, denn jedem Hund wird eine Strophe gewidmet.

Wir haben beschlossen, sofort aufzubrechen, wenn ich den Canyon erkundet habe. Er stellt zweifellos den heikelsten Abschnitt der gesamten Reise dar. Auf einer Strecke von über acht Kilometern ist der Fluß zwischen den Bergen eingezwängt. Die Ufer sind unbefahrbar. Die Frage, die wir uns stellen, ist einfach.
Wird der Fluß zugefroren sein?
Wenn nicht, müssen wir auf die Hochebenen ausweichen und direkt nach Norden zum Stikine-Fluß vorstoßen. Das wäre ein Umweg von 100 Kilometern!
Wir haben die ganze Nacht kein Auge zugetan. Es gibt kein Zurück mehr. Wir müssen los, allein hinaus in die einsamen weißen Weiten, mit unserem Baby auf dem Schlitten. Ich habe einen Riesenbammel. Die Verantwortung lastet schwer auf mir und droht mich zu erdrücken. Bange Fragen steigen in mir auf.
Ist es vernünftig?
Muß diese Reise wirklich sein?
Werden wir es durchstehen?
Auf all diese Fragen haben wir nur eine Antwort, die gleichzeitig ein Versprechen ist. Wir werden keinerlei Risiko eingehen, nicht das geringste, um Montaines willen. Wir wissen, daß uns das einen hohen Preis abverlangen wird, denn das Reisen ist leicht, wenn man fünf oder zehn Prozent dem Zufall überläßt und auf sein Glück vertraut. Hundertprozentige Sicherheit anzustreben und zu erreichen ist eine ganz andere Herausforderung. Nach dem Motto »Es wird schon gutgehen« kann man sich jederzeit auf eine unsichere Eisdecke wagen, ohne anzuhalten. Etwas ganz anderes ist es, wenn man anhält, allein vorausgeht, um das Eis mit einem Stock zu prüfen, dann den Schlitten nachholt, ihn festmacht und abermals umkehrt, um das Kind und seine Mutter zu holen ... Ich habe ein feierliches Versprechen abgegeben. Ich werde nie nachlässig werden, kein einziges Mal. Ich werde mir nie in die Tasche lügen. Wir werden so langsam reisen, wie es die Umstände erfordern, ich werde so oft hin und her laufen wie nötig, aber Montaine wird ohne Risiko reisen.
Ohne jedes Risiko.

ALLEIN IN DER WEISSEN WÜSTE

Der Knoten im Magen schwillt auf die Größe eines Fußballs an. Mit zitternden Händen spanne ich ein letztes Mal die Seile nach, mit denen wir das Gepäck festgezurrt haben, hinter dem Montaine, in eine Daunenjacke gepackt, bequem auf den Karibufellen sitzt.
»Alles in Ordnung, mein Schatz?«
»Taitaine fahren«, antwortet sie lächelnd.
Sie wiegt sich ungeduldig vor und zurück. Wir haben nicht den Eindruck, daß ihr die Tragweite dieser Abreise klar ist, obwohl wir ihr erklärt haben, daß wir nicht zur Hütte zurückkehren und von nun an im Zelt schlafen werden. Was mag in ihrem kleinen Kopf vorgehen? Bestimmt versteht sie viel mehr, als wir glauben. Wir bemühen uns, ihr alles zu erklären wie einem normalen Reisegefährten.
Unser Traum, bei Sonnenschein loszufahren, geht nicht in Erfüllung. Es schneit. Auch diesmal ist uns das Glück nicht hold.
»Los, Hunde!«
Es geht im Galopp über den See.
»Yap!«
Ohne Zögern biegt Otchum nach links in Richtung Fluß ab und läßt die Piste, auf der wir so oft unsere Runde auf dem See gedreht haben, rechts liegen.
»Weiter, weiter.«
Otchum läuft geradeaus. Wir gelangen auf den Fluß. Die Hütte entschwindet unseren Blicken, und mit ihr der große See.
Wir schweigen. Mit zusammengekniffenen Lippen hängen wir unseren Gedanken nach. Die Hunde fallen in den Trab, den sie stundenlang beibehalten können, ohne zu ermüden. Das Gespann ist gut in Schuß. Nach vier Monaten guter Ernährung und optimalem Training sind unsere Schneesprinter in Topform. Wir pfeifen im Rhythmus, um sie anzuspornen und die Stimmung ein wenig aufzuhellen.
Montaine, die unmittelbar vor uns auf dem Schlitten sitzt, läßt sich keine Kleinigkeit des Spektakels entgehen, das im Tempo der

Hunde an uns vorüberzieht. Ein Schneehuhn flattert auf. Sie klatscht in die Hände und ruft ihm etwas zu.
Die von mir präparierte Piste führt acht Kilometer am Fluß entlang bis zu dem großen Sumpf. Auf diese Weise umgehen wir die gefährlichen Stromschnellen. Wir halten das Gespann an. Diane nimmt Montaine auf den Arm und folgt den Hunden im Abstand von 100 Metern. Dieser Abschnitt ist heikel. Wir müssen über mehrere Bäche springen, einen Hügel erklimmen und auf der anderen Seite an einem großen Felsen vorbei schräg den Abhang hinunterfahren. Der Schlitten könnte umkippen, deshalb wird Montaine getragen. Eine Vorsichtsmaßnahme, die wir noch oft werden ergreifen müssen, wenn die Umstände es erfordern.
»Wie schwer sie ist«, sagt Diane, als sie Montaine mit einem Seufzer der Erleichterung wieder auf die Karibufelle setzt.

WIR KOMMEN LANGSAM VORAN

Einen Schlitten allein durch den Wald zu lenken ist schon keine Leichtigkeit. Ständig muß man von einer Kufe auf die andere springen, um wieder geradeaus zu fahren, das Gewicht verlagern, um Hindernissen wie Bäumen und Steinen auszuweichen, in den Kurven bremsen und an den Steigungen schieben. Ist man aber zu zweit und steht auf jeder Kufe eine Person, wird es richtig gefährlich, denn man muß höllisch aufpassen, daß man nicht gegen einen Ast oder Baum prallt.
Zum Glück ist die Piste relativ gut befahrbar. Beim Spuren habe ich die meisten Bäume bereits gefällt, so daß der Schlitten recht gut durchkommt. Nach einer Stunde erreichen wir den Sumpf. Gut 100 Schneehühner fliegen vor uns auf und bereiten uns einen eindrucksvollen Empfang. Jede Menge Karibuspuren beweisen, daß hier vor kurzem eine stattliche Herde durchgezogen ist. Auf der Piste liegen zehn Zentimeter Schnee und bremsen die Fahrt. Die Hunde gehen im Schritt. Montaine schläft ein.
»Besonders schnell sind wir aber nicht.«
»Das war zu befürchten, bei dem verdammten Schnee.«
Wenn man bedenkt, daß ich heute 60 bis 70 Kilometer zurückzulegen hoffte, hat sich die zweiwöchige Vorbereitung gelohnt!
»Zum Glück hast du die Piste präpariert, sonst wären wir schon nach zwei Kilometern steckengeblieben.«
»Ja. Trotzdem ist es ärgerlich.«
Wir durchqueren den Sumpf, dann geht es bergauf. Wir schieben den Schlitten, um die Hunde zu entlasten. Wir gelangen auf eine Art Plateau mit einem lichten Kiefernwald.
Wir wollen möglichst bald die großen Flußwindungen und den Canyon erreichen. Falls die Eisdecke bricht, brauchen wir im Canyon Stunden und Tage, um entlang den Steilwänden eine Passage zu suchen. Wenn es ganz dick kommt, müssen wir die Hunde einzeln durch den Engpaß führen, den Schlitten abladen und das Gepäck schultern. Ich zittere vor Nervosität. Ich weiß nicht, warum, aber ich habe ein ungutes Gefühl.
Der Schneefall hat aufgehört, als Montaine erwacht. Sie schlägt die Augen auf, schiebt den Daumen in den Mund und sieht sich neugierig um.
Wir gelangen an den Rand des Plateaus. Unter uns erstreckt sich ein mehrere Tausend Hektar großer Sumpf, den der Fluß mit einer ganzen Reihe von Schlingen durchzieht. Wir halten die Hunde an. Der Ausblick lohnt die Mühe. Der zugefrorene Fluß strebt mal hierhin, mal dorthin, gerät in die Irre, schlängelt und biegt sich und zeichnet, Altwasser und tote Seitenarme an seinem Weg zurücklassend, ein herrliches Muster in die Taiga.

Der Biberpelzmantel, den Nicolas genäht hat. Die Knöpfe sind aus Holz geschnitzt, und daß ein Ärmel etwas länger geraten ist als der andere, kann meine Bewunderung für das sehr hübsche und warme Kleidungsstück nicht schmälern.

Linke Seite
Nicolas hat in den Schlafsack eine »Heizung« eingebaut, die ursprünglich dazu gedacht war, die Kameras warm zu halten. Die Vorrichtung ähnelt einem Kraken und pumpt warme Luft in die Tentakeln, die Montaines Körper umschlingen.

Ich nehme das Fernglas aus der Ledertasche und inspiziere meine Piste. Sie ist nahezu verschwunden. Nur hier und da ist sie unter der Schneedecke noch zu erahnen.
Wir entdecken vier Elche, die wenige Meter neben dem Fluß im Erlengestrüpp liegen, und etwas weiter eine achtköpfige Karibuherde, die gemächlich in Richtung Canyon zieht.
Montaine will unbedingt durchs Fernglas schauen. Wir versuchen, ihr die Karibus zu zeigen, doch trotz aller Bemühungen bezweifeln wir, daß sie die Tiere ausmachen kann.
Ich fahre allein den Abhang hinunter, Diane und Montaine warten oben. Für eine gemeinsame Abfahrt ist es hier zu steil.
»Langsam, Otchum, langsam.«
Otchum befolgt meinen Befehl und bremst die Meute, die am liebsten im Galopp den Hang hinunterpreschen würde.

»Tschu-tschu« wieder bei der Arbeit. Montaine liebt es, wenn sie vor Nicolas die Kommandos geben darf, und ist sehr stolz, wenn der Hund sie sofort ausführt!

Rechte Seite
Montaine traut dem Wasser nicht. Sie weiß noch genau, wie wir am Rand eines Sees das erste Mal über zu dünnes Eis gefahren sind. Zum Glück reichte uns das Wasser nur bis zu den Oberschenkeln, aber der Anblick der Hunde, die ihre Krallen ins Eis gruben, um den Schlitten herauszuziehen, hat bei ihr einen bleibenden Eindruck hinterlassen.

Diane und Montaine rutschen auf dem Hosenboden den Hang hinunter und lachen ausgelassen.
»Noch mal! Noch mal!«
»Ach nein, Montaine, ich klettere nicht wieder hinauf. Wir müssen doch mit den Hunden weiterfahren.«
Wir kehren auf den Fluß zurück. Ein gutes Dutzend Wölfe ist gestern meiner Piste gefolgt. Otchum hält das Tempo sehr hoch und verliert keine Zeit damit, die Spuren im Schnee zu beschnuppern. Die Landschaft ist atemberaubend, wir blicken Dutzende Kilometer weit. Hohe zerklüftete Berge umschließen das riesige Tal, und der Wind hat die Gletscher so blank geputzt, daß sie wie Diamanten funkeln.
Wir gleiten durch eine nahezu vollkommene Stille. Zu hören ist nur das leise Zischen der Kufen im Neuschnee und das sanfte Trommeln der 44 Pfoten unserer Hunde, die fröhlich über die Eisdecke traben.

IM CANYON

Montaine ist still. Ihr Blick gleitet neugierig über die Landschaft, bleibt an einer Kiefer, einem Bach, einem Schneehuhn hängen. Aus Gewohnheit feuern wir die Hunde an, doch eigentlich brauchen sie keine Aufmunterung. Wenn sie ihren Rhythmus gefunden haben, traben sie mit der Gleichmäßigkeit eines Uhrwerks dahin. Leider ist das beiderseitige Vergnügen nur von kurzer Dauer. Der Canyon kommt in Sicht. Die Berge rücken wieder enger zusammen und nehmen den Fluß in die Zange.
Ob das Eis gehalten hat?
Von der Antwort hängt viel ab. Wenn wir Pech haben, verlieren wir hier eine Woche oder bleiben sogar ganz stecken. Dann müssen wir umkehren und auf den nächsten Kälteeinbruch warten.
Wir halten mehrmals an und prüfen die Festigkeit des Eises. An manchen Stellen ist Wasser zwischen Eis- und Schneedecke gesikkert und bildet einen grauen matschigen Belag, den berüchtigten *slush*.
Ich zögere, tiefer in den Canyon vorzudringen. Auf den ersten acht Kilometern gibt es an den Steilufern keinen schönen Lagerplatz, und wir wollen die erste Nacht nicht an einem unwirtlichen Ort verbringen. Wir blicken auf die Uhr: 14 Uhr.
»Laß es uns versuchen.«
Der Schraubstock zieht sich zusammen. Die Wände rücken näher, als wollten sie uns zermalmen. Das Eis ist an vielen Stellen gebor-

Oben, von links nach rechts
Es ist nicht einfach, eine ebene Unterlage für die Schlafstelle hinzubekommen, denn Montaine ist ein Wirbelwind.

Wenn es nicht zu kalt ist, hilft Montaine gern beim Lageraufschlagen.

Sie kommt regelmäßig ins Zelt und wärmt sich die Hände. Ich habe Angst, sie könnte straucheln und versuchen, sich am heißen Ofen festzuhalten.

An Steigungen muß man den Hunden helfen und den schwerbeladenen Schlitten schieben.

Rechte Seite
Wir brauchen jeden Abend zwei Stunden, um das Lager aufzuschlagen. Wenn Montaine friert, darf sie in ihrem »Warm-da-drin« bleiben.

sten, trägt uns aber noch. Direkt unter dem Schlitten brodelt bedenklich das Wasser, als sei es wütend darüber, daß der Winter es eingesperrt hat. Im Slalom umkurven wir die Löcher und fahren, wenn irgend möglich, am Ufer entlang. Wir erkunden heikle Passagen und prüfen unablässig das Eis.
»Bist du sicher, daß es hält?«
Diane ist angespannt. Sie bangt weniger um sich selbst als um ihre Tochter, die, in Felle gewickelt, ahnungslos vor sich hin plappert. Wir stellen uns das Schlimmste vor: wie die Eisdecke plötzlich unter uns nachgibt und der Schlitten mit allem, was darauf ist, von der Strömung fortgerissen wird. Wir zwingen uns, daran zu denken, dann sind wir doppelt auf der Hut.
Wir gelangen ins Herz des Canyons, wo der Fluß eine leichte Biegung macht. Unter größten Mühen habe ich hier zwischen Erlen und jungen Tannen eine Piste gespurt. Der Fluß ist in seiner ganzen Breite offen und unbefahrbar. Diane nimmt Montaine auf den Arm, und ich lenke den Schlitten. Hätte ich nicht das Depot auf der anderen Seite des Canyons angelegt, müßten wir den Schlitten jetzt halb abladen, denn das Gelände ist schwierig. Es bietet alles, was selbst den unverwüstlichsten Musher zur Verzweiflung bringen kann: Steigungen, Gefälle, enge Kurven, Schrägen, Bäume und Felsen. Wir rackern eine halbe Stunde, und obwohl der Himmel aufgeklart hat und die Kälte sich über die Taiga senkt, triefen wir vor Schweiß.

Zusammen mit den elf Hunden bilden wir drei ein erstklassiges Team. Zum Glück, denn der Norden geht nicht gerade sanft mit uns um.

Wir kehren auf die Eisdecke des Flusses zurück beziehungsweise auf das, was noch von ihr übrig ist. Bestürzt stellen wir fest, daß der Eisaufbruch sein zerstörerisches Werk bereits begonnen hat.
»Diese verdammte Wärme!«
Ich bin völlig demoralisiert.
Knapp vier Kilometer trennen uns von der ruhigen Zone. Vier Kilometer, für die ich bei meiner letzten Erkundungsfahrt eine knappe Viertelstunde gebraucht habe.
Heute ist nicht einmal gewiß, ob wir überhaupt durchkommen. Für den Fall, daß wir scheitern sollten, habe ich am Fuß einer Steilwand zwischen zwei Felsblöcken einen kleinen Platz ausfindig gemacht, in dessen Nähe ein paar verkrüppelte Tannen stehen. Wir beschließen, dort zu rasten, um noch vor Einbruch der Nacht eine Passage auf dem Fluß zu suchen.
Ich habe eine Stinkwut. Wenn ich daran denke, wieviel Zeit ich damit verschwendet habe, auf dem Fluß eine Piste zu spuren, könnte ich mich schwarz ärgern.

EINE TOLLE TRUPPE

Montaine hält sich bewundernswert. Seit der Abfahrt hat sie keinerlei Anzeichen von Müdigkeit oder Ungeduld erkennen lassen. Anscheinend genießt sie die Fahrt und die neue Umgebung. Sie beguckt sich alles mit der Neugier eines jungen Vogels, der eine neue Welt entdeckt.
Und Diane legt dieselbe Willensstärke an den Tag, die sie schon bei unserem Ritt zum See ausgezeichnet hat. Es ist mir ein Rätsel, woher sie diese Kraft nimmt, Wir haben die Entscheidung zum Aufbruch gemeinsam getroffen, und nichts wird sie aufhalten, weder Schneestürme noch eisige Kälte, noch kilometerweite Märsche mit Schneeschuhen.

Wenn sie sich für eine Sache entschieden hat, bringt sie sie auch zu Ende. Man kann das Mut oder Dickköpfigkeit nennen. Bei ihr ist es eine seltsame und ausgewogene Mischung von beidem.
Zusammen mit den elf Hunden bilden wir drei ein erstklassiges Team. Zum Glück, denn der Norden geht nicht gerade sanft mit uns um.
Während ich ein paar Tannen für das Zelt fälle, lädt Diane mit Montaine, die unbedingt helfen will, den Schlitten ab. Seit den gemeinsamen Jagdausflügen auf die Hochplateaus sind wir gut aufeinander eingespielt. Eine Stunde später steht das Lager. Jetzt kann sich Montaine abwechselnd im Zelt oder im Freien aufhalten und jederzeit am Ofen aufwärmen, wenn sie friert. Sie spielt viel mit den Hunden, am liebsten mit Uktu und Kurvik, den jüngsten, die sie anscheinend besonders anziehen.
Ich fälle zwei abgestorbene Bäume, und während Diane sie zu Kleinholz verarbeitet, schnalle ich mir Schneeschuhe um und gehe mit Otchum auf den Fluß zurück.
Ich beschließe, eine Piste anzulegen und dabei möglichst einer Spur zu folgen, die ein Wolfspaar hinterlassen hat. Im Vertrauen auf den Instinkt und die Erfahrung der Tiere hoffe ich, daß sie die besten Passagen gefunden haben. Aber keine 200 Meter vom Lager entfernt geht es nicht mehr weiter. Der Fluß ist in seiner ganzen Breite offen und auf beiden Seiten von Felswänden eingeschlossen. Wo vor Tagen noch meine Piste war, schäumt jetzt, wie um mich zu verhöhnen, das Wasser.
»Dieser Scheißfluß!«
Etwas ratlos irre ich am Ufer entlang und spähe dabei immer wieder zum Himmel, der sich weiter aufhellt und Kälte verspricht. Ich werde eine Brücke aus Eis bauen. Tatsächlich fehlt an der schmalsten Stelle nur eine Brücke, um in eine bessere Zone zu gelangen. Ich fälle also ein paar Kiefern, lege sie über den Fluß und breite Äste darüber. Dann bedecke ich das Ganze mit Schnee. Mit dem Stock, mit dem ich sonst die Eisdicke prüfe, schlage ich von der Seite ins Wasser und spritze die Brücke naß. Bei 30 Grad Kälte gefriert das Gemisch aus Schnee und Wasser im Nu. Die schwere Auflage drückt die Brücke ins Wasser, genau wie von mir beabsichtigt. Mit etwas Glück genügt eine Nacht, und das Ganze ist morgen hart wie Beton.
Wie ein Seiltänzer mit dem Stock das Gleichgewicht haltend, balanciere ich auf der dicksten Kiefer hinüber und setze den Erkundungsmarsch fort.
Ich gehe mal am linken, mal am rechten Ufer entlang, überquere mehrere schmale, aber stabile Brücken, ehe ich nach einem Kilometer erneut zu einer heiklen Passage gelange. Zum Glück können wir diesmal am Ufer entlanggehen, wir brauchen nur ein paar Bäume zu fällen. Ich scheuche etliche Schneehühner auf, als ich in das Erlengestrüpp vordringe und den Weg erkunde. Überall stoße ich auf Spuren von Mardern, Luchsen, Elchen und Wölfen. Otchum amüsiert sich königlich, schnüffelt hier und dort mit aufgerichtetem Schwanz und draufgängerischer Miene. Die Dämmerung bricht an, Zeit zum Umkehren.

DER GESANG DER WÖLFE

Gegen vier Uhr morgens hören wir den Gesang der Wölfe. Diesmal sind sie höchstens 700 Meter vom Zelt entfernt. Ihre Stimmen klingen unglaublich klar und durchschneiden die eisige Luft wie Pfeile, die auf uns abgeschossen werden. Die melancholische Klage erfüllt die Nacht mit einer tiefen Traurigkeit und weckt in uns eine merkwürdige Mischung aus Furcht und Bewunderung.
Ich stehe früh auf. Als erstes entzünde ich ein Feuer im Ofen, das ist fast schon ein Reflex. Ich habe am Vorabend alles bereitgelegt: Papier von einem Hundefuttersack, Reisig, dünne Zweige und ein paar kleine Scheite. Im Zelt ist es heute morgen schneidend kalt, mindestens –35° C, und die Wärme tut gut.
Montaine ist mit Diane aufgewacht und lauscht ebenso andächtig wie wir.
»Hörst du die Wölfe, Montaine?«
»Taitaine Angst.«
»Aber nein, du brauchst keine Angst zu haben, Wölfe sind lieb.«
Beruhigt ahmt Montaine das Heulen nach.
»Oouuuu, oouuuu!«
Ich vermute, daß die Wölfe sie hören. Jedenfalls halten sie einen Augenblick lang inne, ehe sie wieder ihren Gesang anstimmen.
Im Morgengrauen verstummt der Chor, und tiefe Stille kehrt ein.
Gleich nach dem Frühstück – Müsli und Kaffee für uns, ein Fläschchen für Montaine – beginnt Diane, Schlafsäcke, Felle, Eßgeschirr, Kleidung und Proviant zusammenzupacken.
Ich spanne unterdessen die Hunde an. Ich muß zwischendurch mehrmals ins Zelt zurück und mich aufwärmen, weil meine Finger ganz steif vor Kälte sind.
Das Thermometer zeigt –38° C. Ideal, was den Fluß angeht, aber für uns pelzlose Zweibeiner doch ein wenig kalt. Warum gehören

Linke Seite
Während ich mit Tannenreisig die Schlafstellen herrichte, trägt Montaine die ersten Sachen ins Zelt.

wir zu den wenigen Tierarten, die weder Pelz noch Federn besitzen? Wir haben uns an unseren Körper gewöhnt, aber mal ehrlich: Wie häßlich ist eine nackte Haut im Vergleich zu dem bunten Gefieder eines Vogels oder dem seidigen Fell eines Tiers!
Heute morgen träumen wir von einem dichten Fell, das uns alle wärmt, ohne daß wir uns in mehrere Kleiderschichten einmummen müssen.
»Wie lange das dauert, Montaine anzuziehen!« stöhnt Diane.
Drei Paar Strümpfe, eine lange Unterhose, eine zweite aus Wolle, eine Hose, drei Kapuzenmützen, drei dicke Pullover. Und das ist noch nicht alles!
Montaine ist kugelrund.
Ich belade den Schlitten und spanne die Hunde ein, dann entzünde ich mit den restlichen Scheiten ein Feuer. Es ist noch ziemlich dunkel. Bräunliches Licht rieselt von den Bergen und bleibt in den Baumwipfeln hängen.
Das Feuer knistert beruhigend in der glitzernden Morgenluft. Schließlich holen wir den Ofen heraus und brechen das Zelt ab. Montaine wartet, in Daunenjacke und Rentierfelle gewickelt, brav mit eingezogenem Kopf, bis es losgeht.

Montaine ißt gern Schneehuhn, und sobald sie eines bemerkt, ruft sie: »Peng, peng Vogel«, damit ihr Vater das Gewehr vom Schlitten holt.

Ich gebe ihr einen Kuß auf die kalte rote Nase, und sie strahlt mich an. Mein Herz fließt über vor Liebe.
»Ist dir nicht kalt, mein Herz?«
»Nein«, antwortet sie und schüttelt den Kopf.
Sie ist toll, unsere kleine Schneeprinzessin!
Die Hunde werden ungeduldig. Wir zurren sorgfältig das Gepäck fest und geben das Startkommando.

DIE EISBRÜCKE

Wir durchqueren eine Zone mit chaotischen Schneeverwehungen. Der Schlitten knirscht zwischen den Eisblöcken und neigt sich von einer Seite auf die andere. Die Brücke ist fest geworden, aber nicht so fest, wie ich in Anbetracht der Kälte gehofft hatte.
»Wie lange das dauert, bis ein Fluß zufriert!«
Das offene Wasser dampft, und bläulicher Dunst steigt zwischen den Felswänden nach oben und flimmert in dem leicht metallischen Licht, das bis zu uns herunterdringt.
Wir stoppen den Schlitten. Diane nimmt Montaine auf den Arm, während ich über die Brücke fahre oder es zumindest versuche.
»Tschum, djee, djee – vorwärts!«
Otchum drückt sich an die Felswand, um möglichst viel Raum zwischen sich und das brodelnde Wasser zu bringen, das ein Stück flußabwärts unter dem Eis verschwindet.
Die Hunde trauen der Sache nicht. Einer stößt den anderen, weil er nicht auf dem frischen Eis laufen will. Kaum sind Otchum, Oumiak und Oukiok drüben, bricht hinten ein Chaos aus. Die Hunde in der Mitte werden von den vorderen gezogen und den hinteren geschoben, so daß ihnen keine Zeit bleibt, festen Halt zu suchen. Sie geraten ins Rutschen. Baikal fällt ins Wasser, Torok entgeht nur durch einen Sprung auf den Rücken des armen Amarok dem eisigen Bad. Jetzt gleitet der Bug des Schlittens auf die Brücke. Da rechts von mir der Felsen ist, kann ich mich nicht auf die Seite legen, um einen Sturz ins Wasser zu verhindern.
Ich brülle.
»Weiter, weiter!«
Wir müssen zügig hinüber.
Die Hunde ziehen, was das Zeug hält.
Die Brücke gibt nach. Hilflos muß ich zusehen, wie der Schlitten kippt und ins Wasser stürzt.
Die Hunde, die bereits drüben sind, haben im Schnee einen sicheren Stand. Sie ziehen mit aller Kraft und halten den Schlitten.

»Weiter, weiter.«
Der vordere Teil des Schlittens hüpft über einen Eisblock und verkeilt sich. Ich will ihn anheben, doch er bewegt sich nur wenige Zentimeter. Das Wasser macht ihn noch schwerer. Überall setzt sich Eis fest.
Bis zur Hüfte im Wasser stehend, leere ich einige Säcke und werfe den Inhalt ans Ufer, dann versuche ich erneut, den Schlitten, den die Strömung gegen das Eis drückt, hochzuwuchten.
Montaine weint.
Ich muß höllisch aufpassen, daß ich den Halt nicht verliere. Wenn ich hinfalle, reißt mich die Strömung mit und drückt mich unter die Eisdecke, noch ehe ich einen Gedanken fassen kann. Ein solches Ende wäre nicht unbedingt nach meinem Geschmack.
Meine Beine sind schon ganz starr vor Kälte. Hunderte von Nadeln stechen mich und bereiten mir unerträgliche Schmerzen. Eingeklemmt zwischen dem Schlitten und dem Eisblock, an dem er sich verkeilt hat, drücke ich mit aller Kraft gegen den Bug und ziehe gleichzeitig etwas an der Zugleine, um ein paar Zentimeter Spiel zu bekommen.
»Los, Hunde!«
Die Leine spannt sich. Der Schlitten hüpft aus dem Loch und kreischt über den holprigen Boden.
»Schnell, die Kleider zum Wechseln!«
Der Sack ist nicht weit. Ich reiße mir Stiefel und Hose herunter, bevor sie steinhart werden. Die Hose knirscht schon wie Blech.
»Alles in Ordnung?«
Diane ist mit Montaine auf dem Arm herübergekommen. Sie hat sich an der Felswand entlanggehangelt und mit der freien Hand an Vorsprüngen festgehalten.
Die Hunde zerbeißen die Eisklumpen, die sich in ihrem nassen Fell gebildet haben. Wir laden unterdessen den Schlitten ab und drehen ihn um. Mit der flachen Schneide der Axt schlagen wir das Eis ab, das sich zwischen den Kufen und auf den Belägen festgesetzt hat.

Selbst der flüchtige Anblick von Wölfen macht den Tag für mich zu einem Freudentag. Jede Begegnung mit diesen Tieren gräbt sich unauslöschlich in mein Gedächtnis ein. Der Wolf ist ein scheues und furchtsames Tier, und wir hören ihn häufiger, als wir ihn sehen.

Dann laden wir wieder auf und fahren weiter. Der Canyon wird etwas breiter, und das gibt uns die Möglichkeit, die sich häufenden offenen Flußabschnitte zu umfahren. Wir tasten uns förmlich voran, schlängeln uns zwischen Wasserlöchern und Felswänden hindurch. Otchum leistet hervorragende Arbeit. Er weiß um die Gefahr und führt die Kommandos mit vorbildlicher Präzision aus. Wir haben das Gefühl, in diesem Engpaß erdrückt zu werden, und wollen ihn deshalb so schnell wie möglich hinter uns bringen. Ich gehe voraus und klopfe mit dem dicken Stock aufs Eis, um seine Festigkeit zu prüfen. Wann immer möglich, bleiben wir in Ufernähe. Häufig müssen wir anhalten, um eine Passage durch instabile Zonen zu suchen. Mehrmals glauben wir, endgültig festzusitzen, finden dann aber doch noch ein Schlupfloch.
Der Canyon wird immer breiter, entsprechend flacher wird das Flußbett. Stellenweise ist die Eisdecke unter unseren Füßen nur vier oder fünf Zentimeter dick, doch wir riskieren nichts, solange wir am Ufer bleiben, wo der Fluß nicht tief ist.
Am Nachmittag ziehen plötzlich Wolken auf, und das Thermometer klettert auf –8° C. Wir rackern und schwitzen. Wir müssen schleunigst aus dem Canyon heraus. Bei der Wärme droht das Eis zu brechen und von der Strömung fortgespült zu werden. Wir haben uns Plastikbeutel, die wir normalerweise als Verpackungsmaterial für unsere Tagesration Trockennahrung benutzen, über die Strümpfe gezogen, damit unsere Füße nicht naß werden, wenn wir in eine Pfütze treten, was immer häufiger passiert.
Bis auf die wenigen Tränen, die Montaine an der Brücke vergossen hat, trotzt sie tapfer allen Widrigkeiten. Diane trägt sie in jeder gefährlichen Passage, und ich gehe allein voraus.
»Nur noch ein oder zwei Kilometer, dann sind wir draußen.«
»Mir ist schon ganz schlecht vor lauter Anspannung.«
Montaine ist eingeschlafen, und wir bemühen uns, jede abrupte Bewegung zu vermeiden, was in einem solchen Gewirr aus Eis nicht immer einfach ist.
Wir wähnen uns schon im Freien, da bemerken wir eine große offene Zone, die von einer Seite des Canyons zur anderen reicht. Blaues Wasser, wo ich vor Tagen noch übers Eis geglitten bin!
»Scheiße, das ist das Aus!«
Wir müssen den Tatsachen ins Auge sehen. Die Stelle sieht ziemlich übel aus. Hier kommen wir nicht durch.
»Wir schlagen jetzt das Lager auf, dann seh ich mir die Sache etwas genauer an.«

In dunkler Nacht kehre ich zurück, erschöpft, aber mit frischem Mut. Um die Erlen zu meiden, habe ich dicht am Berg eine Piste auf der Böschung gespurt und bin nach einem Kilometer in eine bessere Zone gelangt. Auch dort ist der Fluß offen, doch das gegenüberliegende Ufer, das über eine stabile Eisbrücke zu erreichen ist, scheint mir auf den nächsten 500 Metern gut befahrbar zu sein. Ich bin nicht die ganze Strecke abgelaufen, doch ich glaube, daß wir aus dem Gröbsten heraus sind.
Wir schlafen ein zweites Mal im Canyon. Und dabei wollten wir ihn schon am ersten Abend durchquert haben.
Unser Zeitplan ist nur noch Makulatur. Innerhalb von drei Tagen haben wir zwei Tage verloren. Wenn wir so weitermachen, werden uns Proviant und Hundefutter ausgehen, bevor wir die Hälfte der Strecke bis zum Dorf zurückgelegt haben!

DER ALPTRAUM

Der Canyon, dieser verflixte Canyon, der zwei Wochen lang unser ganzes Denken beherrscht hat, liegt endlich hinter uns. Die Backen des Schraubstocks weichen zurück und geben den Blick auf ein weites Tal frei, durch das sich träge der Fluß schlängelt, als

Muß man den Schlitten um ein Hindernis wuchten, packt man besser vorne an, denn hinten ruht die Hauptlast des Gepäcks.

Linke Seite
Nicht immer genügt mein Gewicht, um den Schlitten in Achsrichtung zu halten, und so kommt es vor, daß er an einer Schräge umkippt. Dennoch lasse ich Montaine lieber auf dem Schlitten, solange die Passage nicht zu gefährlich ist. Wenn sie herumläuft, könnte sie sich in den Leinen verheddern oder unter den Schlitten geraten.

müsse er eine kleine Pause einlegen, ehe er die lange Reise zum Yukon antritt.
Das ruhige Wasser ist schon seit Beginn des Winters zugefroren, und das Eis bildet eine feste, geschlossene Decke, auf der wir völlig gefahrlos reisen können. Allerdings trotzdem nicht schneller. Wir müssen uns durch den tiefen, weichen Schnee quälen, der sich den Winter über hier angehäuft hat. Der Schlitten sinkt ein wie ein Traktor in weicher Erde. Die Hunde ermüden schnell. Aus diesem Grund haben wir die 150 Kilo Futter, die ich bei meiner Erkundungsfahrt deponiert hatte, am Rand der Piste zurückgelassen. Doch das allein genügt nicht. Wir müssen vorausgehen und den Schnee festtrampeln. Wir versinken bis zu den Oberschenkeln und wechseln uns an der Spitze häufig ab. Unser Tempo ist lächerlich: ein Kilometer pro Stunde.
Ich könnte mir die Haare raufen. Vor zwei Wochen, also vor den heftigen Schneefällen, hätten wir hier eine Traumpiste vorgefunden und vollbeladen zehn oder zwölf Kilometer in der Stunde zurückgelegt. Das bißchen Schnee, das im November und Anfang Dezember gefallen ist, hätte der Wind längst fortgeweht.

Ein bißchen schmusen am Lagerfeuer. Es gibt nichts Besseres, um neue Kräfte zu tanken.

»Das ist ungerecht«, hadert Diane. »Das haben wir nicht verdient!«
Zu allem Überfluß bleiben wir immer wieder in regelrechten *slush*-Sümpfen stecken und brauchen irrsinnig viel Zeit, um den Schlitten wieder flottzukriegen. Wir müssen schieben, ziehen, den Hunden gut zureden. Manchmal stehen wir bis zu den Oberschenkeln in diesem Matsch aus Wasser und Eis.
»Verfluchte Schweinerei!«
Der Schlitten sitzt total fest, ist völlig vereist. Die Hunde können nicht mehr. Auch sie haben genug von dem Scheißschnee, dem verfluchten Matsch!
Wir sind total deprimiert. Und doch, wir müssen uns aus dem Loch befreien, weitermachen, weiterfahren.
Wir können nicht aufgeben, selbst wenn wir wollten. Wir sind in unserer eigenen Geschichte gefangen.
Am Abend sind wir wie zerschlagen, verzweifelt und völlig mutlos. Wir kommen uns wie Sträflinge vor. Der Schnee ist unsere Strafe, das Zelt unsere Zelle, die Kälte unser Wärter, der uns am Ausbrechen hindert.
Ein Tag ohne Überraschungen, etwas eintönig.
Acht Stunden Marsch, acht Kilometer.
Montaine hat zweieinhalb Stunden auf dem Schlitten geschlafen, während wir schwer geschuftet haben. Sie hat es gut, unsere kleine Prinzessin! Tagsüber ist es mit –25°C nicht allzu kalt, und so schlüpft Montaine von Zeit zu Zeit aus der Daunenjacke, spielt auf dem Schlitten wie in einem Boot und balanciert von einem Ende zum anderen.
Die Hunde lassen sich von ihren Zurufen und ihrem Lachen nicht mehr ablenken und arbeiten trotz der schwierigen Schneeverhältnisse gut.
Uktu und Kurvik, mittlerweile zehn Monate alt, halten sich prächtig – kräftige, ausdauernde Hunde, zuverlässig und konstant in ihrer Leistung. Wir sind mit dem Gespann sehr zufrieden. Wir versuchen, den Tieren mehr Zeit zu widmen, doch die Tage lassen uns wenig Atempausen. Abends, wenn das Zelt endlich steht, wird Montaine aktiv. Diane und ich sehnen uns nach zehn Stunden in der Kälte eigentlich nur noch nach Ruhe, doch davon will Montaine nichts wissen. Sie strotzt noch vor Energie. Sie hüpft auf uns herum, singt aus vollem Hals, löchert uns mit Fragen und zupft an unseren Lidern, wenn wir uns schlafend stellen. Ein richtiger Wirbelwind. Wir sind uns darüber im klaren, wie wichtig die-

se Spielstunde für sie ist, und lassen alles mehr oder weniger geduldig über uns ergehen.

VOULK ODER OTCHUM

Ich schone die Kräfte der Hunde, so gut es geht, und achte darauf, daß ich keinen überfordere. Von Oumiak zum Beispiel kann ich nicht verlangen, daß sie ebensoviel leistet wie Torok. Gleiches gilt für die jungen Hunde Uktu, Kurvik und Oukiok im Vergleich zu den ausgewachsenen Baikal, Nanook, Amarok oder Voulk.
Vorn ist die Auswahl begrenzt: Voulk oder Otchum. Das Problem ist nur, daß Otchum es als Strafe empfindet, wenn er die Führungsposition räumen muß. Wo er doch so vorbildlich arbeitet. Wie soll ich ihm klarmachen, daß meine Maßnahme nur zu seinem Besten ist?
»Du ruhst dich jetzt hinten ein bißchen aus, Tschum.«
Während der Laika eine zerknirschte Miene macht, fühlt sich Voulk wie der Held des Tages, markiert den starken Mann, richtet sich zu seiner vollen Größe auf, wölbt stolz die Brust und sträubt das Fell vor Vergnügen. Voulk arbeitet gut, bemüht sich mit rührendem Eifer und achtet auf jedes Zeichen von uns. Und wenn wir ihn loben, weil er ein Manöver gut ausgeführt hat, ist er wie im siebten Himmel und saugt gierig jedes Wort von uns auf. Nach einer Stunde Arbeit plaziere ich wieder Otchum an der Spitze. Eine zirkusreife Nummer. Otchum stolziert mit abgewandtem Kopf an Voulk vorbei. Er würdigt ihn keines Blickes, straft ihn mit Verachtung. Bei der nächsten Gelegenheit wird er über ihn herfallen und ihm klarmachen, was es heißt, dem König die Krone zu stehlen. Ich muß die beiden im Auge behalten, denn eine solche Rauferei kann schnell ausarten, wenn sich zwei oder drei Hunde mit Voulk gegen Otchum verbünden. Baikal wäre es zuzutrauen, und ich mag solche etwas hinterlistigen Koalitionen nicht haben. Wenn es nötig ist, müssen wir eingreifen, um die Probleme zu

Sofort nach dem Anhalten schlagen wir das Zelt auf, damit Montaine nicht friert. Wenn der Ofen erst einmal brennt, wird es im Zelt rasch warm. Häufig ist es schon dunkel, wenn Nicolas losfährt, um den Teil des Gepäcks zu holen, den wir zurückgelassen haben.

Wir können nicht aufgeben, selbst wenn wir wollten. Wir sind in unserer eigenen Geschichte gefangen. Wir stecken bis zum Hals drin!

lösen, die wir selbst schaffen. Doch wir müssen dem einen oder anderen auch genügend Spielraum lassen, um Rangstreitigkeiten auszufechten. Für das gute Funktionieren der Meute ist das unerläßlich.

AUF DEN PFADEN DER KARIBUS

Zahllose Spuren von Elchen, Karibus und Wölfen folgen dem Fluß auf den letzten Kilometern, bevor er in den Stikine mündet. Daß es hier viele Elche und Karibus gibt, kommt uns sehr gelegen, denn sie haben im tiefen Schnee lange Pfade ausgetreten. Ein herrliches Gefühl, wenn wir auf den Schlitten steigen und uns 400 oder 500 Meter weit ziehen lassen können. Auch die Hunde sind begeistert und werfen sich ins Geschirr, sobald wir auf einen Pfad stoßen. Schon nach kurzer Zeit fällt uns auf, daß die meisten Pfade in zwei Hauptrichtungen verlaufen. Die einen, die uns nicht interessieren, queren das Tal, die anderen, die uns sehr nützlich sind, folgen grob dem Flußlauf. Obwohl der Fluß stark gewunden ist, versuchen wir nicht, die Schlingen über Land abzukürzen. Wir würden zwar ein paar Kilometer sparen, aber viel Zeit verlieren, denn wir müßten die steile Böschung erklimmen, und obendrein benutzt das Wild an Land selten einen Weg, der mit dem Schlitten befahrbar ist. Wir folgen den Elchen und Karibus also nur, solange sie das Flußbett benutzen. Immer wieder sind wir verblüfft, mit welcher Sicherheit sie ihren Weg auf dem zugefrorenen Fluß finden, unter dessen weißer Schneedecke sich tückische Fallen wie Matsch, schlechtes Eis und Wasserlachen verbergen. Mit erstaunlicher Leichtigkeit und untrüglichem Orientierungssinn laufen sie im Zickzack. Manchmal biegen alle Spuren ab und verschwinden in Wald oder Sumpf. Und wir fragen uns, wer darüber unglücklicher ist, daß wir nun wieder durch hohen Schnee stapfen müssen, wir oder die Hunde. Auch Montaine mag es nicht, wenn es nur im Stop-and-go-Rhythmus vorangeht und einer von uns die Spitze übernehmen muß. Sie findet es schöner, wenn wir beide hinten bei ihr sind.

Am Nachmittag werden unsere Schritte schwerer. Die Füße sind bleiern, die Muskeln verkrampfen. Doch wir müssen weiter.

Und so geht es zwei Tage, bis endlich der andere Fluß in Sicht kommt. Das zurückgelassene Futter habe ich noch immer nicht geholt, und ich weiß nicht, ob ich es überhaupt noch holen werde. Alles kommt drauf an, wie man rechnet. Wir brauchen einen starken Tag, um zurückzufahren, 70 Kilometer hin und zurück. Danach müssen die Hunde einen Tag ausruhen. Das macht zwei Tage. In der Zeit fressen die Hunde zwei der zurückgelassenen zehn Beutel.

Wie auch immer, jedenfalls kommt der Fluß in Sicht. Es ist spät, und wir entdecken mitten in einem kleinen Tannenwald, der zwischen dem Fluß und einem gut 100 Hektar großen Sumpf liegt, einen schönen Lagerplatz. Bis zum Stikine sind es zehn Minuten zu Fuß. Gleich morgen früh werden wir hingehen und uns ein Bild machen.

EINLADEND UND ZUGEFROREN: DER STIKINE

Wenn der Schlitten leer ist, genügen neun Hunde. Wir laufen schnell. Uktu und Kurvik sind mit Diane und Montaine im Lager geblieben, während ich auf Erkundungstour gehe.

Der Morgen graut, als ich die Stelle erreiche, wo sich die beiden Flüsse vereinigen. Ich bin nicht zurückgefahren, um die Säcke mit dem Hundefutter zu holen. Ich will mir lieber den Fluß ansehen. Zu diesem Entschluß hat mich nicht nur der verständliche Wunsch bewogen, mir ein Bild davon zu machen, was uns am Stikine erwartet, sondern auch die Überzeugung, daß es kalt bleiben wird und deshalb nicht zu befürchten steht, daß Neuschnee die Piste zudecken könnte. Außerdem spiele ich mit dem Gedanken, den Hunden einen Ruhetag zu gönnen und auf die Jagd zu gehen. Die Chancen, einen Elch oder Karibu zu erlegen, stehen nicht schlecht.

Ich halte das Gespann an, denn an der Mündung ist der Fluß offen.

Wir folgen der Spur eines Wolfsrudels und finden eine Passage, die an einer Insel entlangführt. So gelangen wir auf den Stikine. Der Schnee ist hier fast so tief wie auf dem namenlosen Fluß, auf dem wir hierhergelangt sind, doch zahlreiche Tiere haben ihn so niedergetreten, daß die Hunde in Trab fallen können und recht gut vorankommen. Hinter der offenen Zone an der Mündung erwartet uns eine schöne, gleichmäßige Eisdecke.

»Vorwärts, meine Hundchen. Vorwärts, Tschum!«

Die Hunde beschleunigen. Sie sind ebenso aufgeregt wie ich. Endlich eine Piste, auf der sie ungehindert rennen können. Und die Wildgerüche, die ihnen in die Nasen steigen, tun ein übriges.

Eine Stunde später haben wir bereits zehn Kilometer zurückgelegt. Wir halten das Tempo. Gegen Mittag haben wir 30 Kilometer geschafft. Ich jubele.

Linke Seite
Um sich zu erfrischen, spielen die Hunde Maulwurf im Schnee. Montaine kugelt sich vor Lachen, wenn sie den Kopf einen Meter tief vergraben und dann ganz weiß wieder auftauchen und sich schütteln.

Wir haben −40° C. Bei der Kälte knirscht der Schnee unter den Kufen, und das kleinste Geräusch durchdringt die klare Luft mit unglaublicher Klarheit. Das Wild hört uns schon von weitem kommen.

Rechte Seite
In der Mittagspause kann Montaine, die den ganzen Morgen im Warmen gesessen hat, gefahrlos eine halbe Stunde herumtollen. Gewöhnlich nutzt sie die Zeit, um die Hunde zu streicheln und zu loben. Die Hunde lieben diese Zeichen der Zuneigung und werden sanft wie Lämmer, ja sie betteln regelrecht um die Streicheleinheiten, die Montaine sehr sparsam und mit gewichtiger Miene verteilt.

Folgende Doppelseite
Der Winter hat das Land fest im Griff. Kein Vogelzwitschern, kein Rauschen der Blätter im Wind, kein Plätschern des Wassers in den Flüssen. Die allgegenwärtige Stille ist beklemmend. Von den Höhen bis hinab in die Täler ist alles Leben erstarrt.

Arme Diane. Es tut mir in der Seele weh, wenn ich daran denke, daß sie den ganzen Tag mit Montaine in dem engen Zelt hocken muß.
Während die Hunde in Hochform über den Fluß preschen, bewundere ich hinten auf dem Schlitten die hohen Berge, die in den tiefblauen Himmel ragen und zwischen denen sich das weiße Band des Stikine dahinschlängelt. Ein herrlicher Augenblick.
Alles läuft bestens, und die Hunde traben fröhlich über eine schöne Piste, die das Wild ausgetreten hat. Selbst wenn die Spuren von Zeit zu Zeit in einer Windung oder an einer Felswand enden und wir eine kurze Strecke im Tiefschnee zurücklegen müssen, bleibt das Durchschnittstempo hoch.
Trotzdem beschließe ich, ins Lager zurückzukehren und mich um Montaine zu kümmern, damit Diane ein wenig an die frische Luft gehen kann. Immerhin haben wir über 30 Kilometer Piste gespurt.
Wir brauchen für den Rückweg keine drei Stunden, doch ich bin enttäuscht, weil wir kein einziges Tier gesehen haben. Wir haben −40° C. Bei der Kälte knirscht der Schnee unter den Kufen, und das kleinste Geräusch durchdringt die klare Luft mit unglaublicher Klarheit. Das Wild hört uns sicherlich schon von weitem kommen.
Morgen werde ich mich auf die Suche nach einer frischen Fährte machen und ihr so lange folgen, bis ich den letzten Abdruck erreicht habe, den Abdruck, den noch der Huf ausfüllt.

Kein Wind, −35° C, Sonne.
Ein schöner Tag zum Jagen. Trotzdem fahren wir weiter.
Diane wollte nicht noch einen Tag im Zelt ausharren, und ich glaube, ich hätte es nicht übers Herz gebracht, ihr zu sagen, daß uns eigentlich keine andere Wahl blieb.
Also rechnen wir alles noch einmal durch. Vor uns liegen noch 250 Kilometer. Wir haben noch Proviant für zwei Wochen und Hundefutter für acht Tage, wenn wir die Rationen kürzen. Ohne zu fressen, können die Hunde höchstens zwei bis drei Tage ziehen. Wir müßten also spätestens in elf Tagen im Dorf sein!
Das Dorf!
Menschen, Häuser, eine Straße, ein Laden, ein Motel mit einem Zimmer und sauberer Bettwäsche, ein heißes Bad!
Das heiße Bad steht in unseren Träumen an allererster Stelle.

DIE GROSSE KÄLTE

Die Kälte ist nicht um uns, die Kälte ist in uns. Wir laufen hinter dem Schlitten her, um den Kreislauf anzukurbeln und Blut in unsere Gliedmaßen zu pumpen. Kälte und Blut kommen und gehen wie Wellen am Strand, und man weiß nie, wer von den beiden die Oberhand behalten wird.
Dick eingemummt ist Montaine in der beheizten Daunenjacke eingeschlafen. Die Krakenheizung funktioniert immer noch tadellos.
Aber was, wenn sie kaputtgeht?
Im Prinzip kann nichts passieren. Ich habe alle notwendigen Ersatzteile dabei, um sie zu reparieren.
Jede Stunde kontrollieren wir die Temperatur. Und jedesmal wiederholt Montaine:
»Warm da drin!«
Und Diane, die vor Kälte schlottert, beneidet ihre Tochter.
Dank Otchum, der die unsichtbare Piste wittert, kommen wir gar nicht so schlecht voran, obwohl meine Spur fast zugeschneit ist.
Gegen Mittag haben wir nach dreistündiger Fahrt 15 Kilometer zurückgelegt.
»Trotzdem könnte ich mich schwarz ärgern. Ohne den Schneesturm wären wir schon doppelt so weit.«
»Es läuft doch gar nicht so schlecht.«
Trotzdem, es ist frustrierend, wenn man ständig aufgehalten wird. Wir träumen von einer schönen harten Piste, auf der die Hunde problemlos traben können, ohne daß wir ständig gezwungen sind zu schieben, Kommandos zu brüllen und uns zu schinden wie Ackergäule. Zumal wir uns Bummeleien nicht leisten können.
Ich hetze nicht gern. Doch der Natur ist das egal.

Damit die Milch, die ich am Morgen zubereitet habe, nicht gefriert, trage ich das Fläschchen am Körper unter der Jacke. Etwas »Körnerfutter«, Kekse und eine Thermoskanne Kaffee für die Erwachsenen komplettieren das Mittagessen.

Rechte Seite
Bei –40° C wird alles Flüssige zu Eis. Da Montaine das Gesicht nur ungern im Schlafsack vergräbt, weil ihr dann etwas entgehen könnte, untersuche ich ihre Nase und ihre Wangen regelmäßig auf Erfrierungen hin.

Der Stikine ist mindestens dreimal so breit wie der Fluß, auf dem wir bisher gereist sind. 100 Meter von Ufer zu Ufer, manchmal auch mehr. Den Karten entnehmen wir, daß er bis zu der Brücke, die sich ein paar Kilometer vor dem Dorf über das Flußbett spannt, sogar noch viel breiter wird.
Die Landschaft ist von einer überwältigenden Schönheit und bietet außergewöhnliche Panoramen. Alles ist größer geworden, der Fluß, die Täler, die Berge, selbst die Bäume. Majestätische Kiefern überragen die steilen Ufer. Ein Land der Riesen. Die Entfernungen von einem Ende des Tals zum anderen, von einem Berg zum anderen sind enorm – mehrere Dutzend Kilometer. Wie winzige Ameisen, langsam wie eine Wolke ziehen wir durch diese unermeßliche Weite und hinterlassen eine schmale graue Spur, die wenig später wieder verschwindet.

MONTAINE, DIE »MUSHERIN«

Gegen 13 Uhr halten wir bei Sonnenschein in einer großen Biegung des Flusses, der sich hier über einen Kilometer weit an die Rundung eines Berges schmiegt.
»Taitaine aussteigen.«

Wir trampeln mehrere Quadratmeter Schnee fest und ziehen Montaine aus ihrem kleinen Daunennest, damit sie sich die Beine vertreten kann. Sie läuft sofort zu den Hunden, am gesamten Gespann vorbei bis zu Otchum, der mit Liebkosungen und Küssen belohnt wird. Dann kommt sie zurück und streichelt Oumiak, Nanook und Torok. Es ist rührend, mit anzusehen, wie sehr die Hunde Teil ihres Lebens geworden sind.
Die Hunde verkürzen ihr die langen Stunden auf dem Schlitten, die einem Kind in ihrem Alter endlos vorkommen müssen. Sie spricht mit ihnen, wiederholt unsere Kommandos, beobachtet sie lange bei der Arbeit, wird unruhig, wenn sich eine Leine verheddert oder ein Hund ausschert und den Kopf in den Schnee steckt, um sich zu erfrischen, was sie selbst bei –40°C gerne tun.
Seit einigen Tagen besteht sie darauf, das Startkommando »Los geht's, Hunde« oder den Befehl »Hoo« für »Halt!« zu geben. Sie ahmt perfekt unseren Tonfall nach und täuscht damit sogar die Hunde, so daß wir ihr einschärfen müssen, daß Kommandos kein Spiel sind.
»Komm, Montaine, steig wieder auf den Schlitten, wir fahren jetzt weiter.«
»Taitaine machen!«
»Ja, du darfst den Hunden sagen, daß sie losrennen sollen.«
Montaine strahlt. Ihr Glück ist grenzenlos. Das ist das schönste Geschenk!
»Jetzt, Montaine«, raune ich ihr so leise zu, daß die Hunde mich nicht hören können.
»Los geht's, Hunde«, ruft sie mit ihrem kristallklaren, entzückenden Stimmchen.
Mit einem Ruck stürmen die elf Hunde los und reißen den Schlitten mit. Montaine klatscht begeistert.
»Taitaine macht!«
»Ja, Montaine. Hast du gesehen, wie sie losgerannt sind, als du es ihnen gesagt hast? Bravo, Montaine.«
»Noch mal! Noch mal!«
»Nein, Montaine, wir müssen sie jetzt arbeiten lassen. Es ist nämlich schwer, den Schlitten zu ziehen, weißt du. Sieh doch, wie sie ziehen.«
Montaine beobachtet die Hunde mit ernster Miene.
»Schwer!«
»Ja, wir müssen sie jetzt in Ruhe lassen. Du darfst ihnen heute abend sagen, daß sie anhalten sollen, einverstanden?«

Wie schön sie ist, unsere Schneeprinzessin. Ihr Lachen macht uns glücklich.

AM ENDE UNSERER KRÄFTE

Das Vergnügen dahinzugleiten, ohne vor den Hunden durch Tiefschnee stapfen zu müssen, ist nur von kurzer Dauer.
Am zweiten Tag wird der Schnee immer tiefer und die Tierfährten immer rarer. Otchums Kräfte schwinden, und die Hunde hinter ihm verlieren allmählich den Mut.
Zum Glück wird der Schlitten mit jedem Tag leichter. Die Kälte lockert ihren Griff nicht. Wir ziehen durch eine eisige Welt, gefolgt von der weißen Fahne unseres Atems, der, vermischt mit dem der Hunde, sofort kondensiert und gefriert.
Montaine verlangt keine Pausen mehr. Sie bleibt tapfer und geduldig in der Daunenjacke sitzen und zieht sich die Kapuze ins Gesicht, um sich vor der beißenden Kälte zu schützen. Mein kleines Mädchen rührt mich zu Tränen, wenn sie mich, nach stundenlanger Fahrt bei – 40° C von oben bis unten mit Rauhreif überzogen, anlächelt, wie um mir zu sagen: »Mach dir meinetwegen keine Sorgen, Papa, mir geht es gut.«
Diane leidet, sagt aber keinen Ton. Ich versuche, ihr möglichst viel Arbeit abzunehmen, doch ich stoße an meine Grenzen. Nach einer Stunde Marsch durch 40 Zentimeter tiefen Schnee habe ich Blei an den Füßen und bitte Diane, mich abzulösen, und dann rackert sie tapfer, bis sie selbst nicht mehr kann. Am Abend, nach fünf Stunden Marsch, gehört viel Überwindung dazu, um noch einmal letzte Kräfte zu mobilisieren und das Lager aufzuschlagen.
Die Nacht ist kurz und sehr kalt. Jeden Morgen brechen wir in der Hoffnung auf, bessere Verhältnisse vorzufinden, werden aber immer wieder enttäuscht. Auf was für ein Wunder warten wir denn?
Daß irgendein Trapper mit dem Schneemobil eine Piste gespurt hat, die zum Dorf führt? Ausgeschlossen. So weit wagt sich keiner hinaus, und wenn doch, dann benutzt er nicht den Fluß.

Wie winzige Ameisen ziehen wir durch diese unermeßliche Weite und hinterlassen eine schmale graue Spur, die wenig später wieder verschwindet.

Daß Tiere einen Pfad ausgetreten haben? Elche und Karibus meiden die großen Flüsse.
Daß der Schnee weniger wird? Warum hätte es hier weniger schneien sollen als anderswo? Im Winter bleiben die Niederschläge gewöhnlich nicht lokal begrenzt, es sei denn, man überquert die Wasserscheide zwischen zwei Einzugsbecken, was bei uns nicht der Fall ist.
Also erwarten wir nichts mehr. Mit leerem Kopf marschieren wir weiter. Und die Hunde folgen uns tapfer.
Das Hundefutter reicht nur noch für fünf Tage. Ich könnte mich ohrfeigen. Gestern abend habe ich drei Karibus entkommen lassen, weil der Schlagbolzen durch Kondenswasser eingefroren war. Die Karibus waren unsere Chance, und ich habe sie mir durch die Lappen gehen lassen. Ich hätte das Gewehr am Morgen überprüfen sollen.
Und jeden Morgen und Abend das Lager aufschlagen und wieder abbrechen. Tag für Tag. Das zehrt am meisten an den Kräften.
Seit einer Woche pendeln die Temperaturen zwischen –35° C und –40° C, und das Zelt ist bei dieser Kälte hart wie eine Blechplatte. Ich muß mich mit meinem ganzen Gewicht gegen die Zeltbahn stemmen, wenn ich sie ausrolle. Sie quietscht wie eine Tür in verrosteten Angeln.
Wir haben nur noch einen einzigen Gedanken: Ankommen!

EINS, ZWEI, DREI SCHRITTE

Und noch einer. Der Kopf leer, die Beine schwer. Vorgestern 18 Kilometer, gestern 12, heute vielleicht 15. Lächerlich.
Gestern 12 Kilometer. Dieselbe Strecke legen meine Hunde auf festem Geläuf mühelos in einer Stunde zurück.
»Das bringt doch nichts, wenn wir in dem Tempo weitermachen«, sagt Diane immer wieder völlig demoralisiert.
»Wir können nicht hierbleiben und abwarten. Sieh dir die Karte an. 40 Kilometer von hier ist ein Jagdcamp. Dort finden wir bestimmt Lebensmittel.«
»Bist du sicher, daß es überhaupt noch existiert?«
»Ziemlich.«
Die Aussicht, in einer warmen Hütte zu übernachten, hebt die Stimmung ein wenig. Vielleicht finden wir dort Futter für die Hunde, wenigstens für ein oder zwei Tage.
Die Hütte liegt am Zusammenfluß von Stikine und Spatsizi, einem großen Fluß, an dem die Indianer früher Karibus jagten.

Ein Schneehuhn im Flug. Nur der Schwanz ist schwarz, alles andere ist schneeweiß.

Linke Seite
Wenn es zu kalt oder der Schnee zu tief ist, ißt Montaine auf dem Schlitten, wo sie die Füße im Warmen hat. Trotzdem stampfen wir eine Fläche fest, damit sich die kleine Schneeprinzessin ein wenig die Beine vertreten und Pipi machen kann.

Heute sind es reiche Jäger und Angler, die sich mit dem Wasserflugzeug einfliegen lassen.
Heute morgen kommen wir erheblich schneller voran. Den Wölfen sei Dank. Ein stattliches Rudel von acht oder neun Tieren hat auf dem Flußbett eine frische Spur gezogen, auf der die Hunde drei bis vier Kilometer weit mit Begeisterung laufen. Um 13 Uhr haben wir fast 20 Kilometer zurückgelegt. Ein Rekord!
»Wenn es so weitergeht, schaffen wir es bis heute abend vielleicht bis zur Hütte.«
Wir fahren unverzüglich weiter. An manchen Stellen ist der Fluß offen, doch die Wölfe haben diese Abschnitte vorsichtig gemieden. Je näher wir der Mündung kommen, desto häufiger stoßen wir auf Wildfährten, was die Anwesenheit der Wölfe erklärt.

EINE BARRIERE AUS EIS

Am Nachmittag, wenige Kilometer vor der Mündung, dann der Schock: Eine Barriere von übereinanderliegenden Eisblöcken ragt vor uns auf.

Ein Trümmerfeld, so weit das Auge reicht, ein wirres Durcheinander von Eisplatten, die kreuz und quer übereinanderliegen. Ein Ende kann ich nicht ausmachen.

Nur widerwillig durchqueren die Hunde die Furt. Deshalb geht Nicolas, durch ein Seil mit Otchum verbunden, voraus.

Rechte Seite
Ist das Lager aufgeschlagen, bleibe ich mit Montaine im warmen Zelt. Unterdessen erkundet Nicolas den Fluß, der nicht vollständig zugefroren ist.

Folgende Doppelseite
Das Aufschlagen des Lagers wird bald zur Routine. Nicolas schafft Stangen für das Zelt heran. Zusammen mit Montaine entladen wir den Schlitten und richten das Zelt ein.

Auf den ersten Blick gibt es kein Durchkommen. Das Chaos sieht aus wie ein verwüstetes Dorf, als wären bei einem Erdbeben ein paar hundert Häuser aus Eis in sich zusammengestürzt.
Die Hunde bleiben von sich aus stehen. Otchum sieht mich verärgert an. Er weiß nicht, was er tun soll.
»Sitz. So ist es brav.«
Ich gehe am Gespann entlang, belohne jeden Hund mit Streicheleinheiten und erklimme einen fünf Meter hohen Block, der die Form einer Pyramide hat. Ein schöner, aber betrüblicher Anblick. Ein Trümmerfeld, soweit das Auge reicht, ein wirres Durcheinander von Eisplatten, die kreuz und quer übereinanderliegen. Ein Ende kann ich nicht ausmachen.
Ich kehre zu Otchum zurück. Er sieht mich mit seinen intelligenten Augen an, zwei schönen braunen Augen mit Schneewimpern. Ich beuge mich zu ihm hinunter, fasse ihm unters Kinn und küsse ihn auf die Schnauze.
»Was sollen wir jetzt tun?«
Otchum leckt mir zärtlich das Gesicht.
»Kommen wir nicht durch?«
Diane wirkt total demoralisiert. Drei Kilometer vor der Hütte das Aus!
In Gedanken haben wir schon im Warmen gesessen und an einem Tisch gegessen. Ein Luxus, im Sitzen zu essen. Wir träumen von einfachen Dingen. Der mangelnde Komfort im Zelt ist zermürbend. Eine Hütte, wie primitiv auch immer, ist unser Hilton des Nordens. Wir stellen keine hohen Ansprüche.
»Wir müssen ans Ufer und dort das Lager aufschlagen.«
»Nein! Drei Kilometer von der Hütte entfernt ein Lager aufschlagen? Das halte ich nicht aus!«
»Was sollen wir denn tun?«
»Wir könnten versuchen durchzukommen.«
»Ja, wenn wir allein wären. Aber mit Montaine können wir uns am späten Nachmittag nicht in dieses Labyrinth wagen, das wäre unvernünftig.«
Ich versuche, mich zuversichtlicher zu geben, als ich bin.
»Der Platz da hinten ist doch schön. Wir bauen ein schönes Lager auf, und dann suche ich eine Passage. Morgen sind wir da.«

DAS LABYRINTH

Bei der Erkundung des Packeises gestern abend habe ich ein paar Eiszungen entdeckt, die sich mehrere Hundert Meter lang durch das Labyrinth schlängeln. Sie sind aus Wasser entstanden, das an die Oberfläche gestiegen ist, sich wie ein Bach einen Weg durch das Chaos gesucht hat und bei den ersten Kälteeinbrüchen wieder gefroren ist. Auf diesen Zungen arbeiten wir uns vorwärts. Oft müssen wir von einer zur anderen wechseln und dabei Eisblöcke überwinden, die bis zu drei, vier Meter hoch sind. Der Schlitten gleitet jetzt besser, denn wir haben das halbe Gepäck am Lagerplatz zurückgelassen. Ich werde es holen, sobald wir die Hütte erreicht haben. Doch wir kommen besser voran als befürchtet. Nach zwei Stunden haben wir im Packeis immerhin schon zwei Kilometer zurückgelegt. Die Hunde ziehen wie Ackergäule und setzen Wahnsinnskräfte frei.
Montaine hat Angst, wieder umzukippen. Sie ist sich der Gefahr voll und ganz bewußt und ruft immer wieder:
»Taitaine Angst, hindefallt.«
Wir beruhigen sie, so gut es geht, doch der Schlitten neigt sich unablässig von einer Seite auf die andere. Um die beste Strecke zu finden, gehe ich im Packeis voraus und prüfe des öfteren die Festigkeit der Zungen. Mehrere Male geraten wir in slush. Zum

Glück ist der Schlitten leicht, und es kostet uns nicht viel Zeit, ihn umzudrehen und vom Eis zu befreien. Bisweilen hören wir das Wasser fließen, und an vielen Stellen ist der Fluß sogar offen. Das trägt nicht gerade zu unserer Beruhigung bei. Wir sind doppelt vorsichtig und wagen uns in keine Passage, die wir nicht vorher getestet haben. Ganz langsam taste ich mich voran, ein Schritt nach dem anderen. Bis in den Magen spüre ich die extreme Anspannung.

Die Hütte rückt näher. Dort, wo sich die beiden Flüsse vereinigen, ragt eine regelrechte Eismauer aus riesigen Blöcken vor uns auf. Wir suchen die günstigste Passage und treiben die Hunde an. Otchum springt von Block zu Block und zieht die anderen Hunde hinter sich her. Sie rutschen aus, fallen hin, schlittern über Eisplatten und winseln vor Angst, weil sie trotz ihrer Krallen keinen Halt finden. Der Schlitten steigt knirschend in die Höhe, prallt gegen Blöcke, fällt hinunter. Diane folgt uns mit Montaine auf dem Arm und erklimmt, so gut es geht, die kleinen Eisberge. Montaine ist nicht mehr ängstlich, sondern feuert, meinem Beispiel folgend, die Hunde an.

Hinter der Mauer bietet der Fluß einen etwas weniger erschrekkenden Anblick. Wir bleiben in Ufernähe, doch auch hier bilden die Eisblöcke ein unbeschreibliches Chaos. Ich gehe voraus und umkurve die Hindernisse.

»Die Hütte!«

Die Hunde haben sie im selben Augenblick bemerkt wie wir und bellen aufgeregt durcheinander. Ich beruhige die Bande, denn eine offene Zone versperrt den direkten Weg ans Ufer.

Montaine schnappt fast über.

»Hütte! Hütte, da!«

Ich weiß beim besten Willen nicht, was jetzt in ihrem kleinen Kopf vorgeht. Eine Hütte, hier! Sie muß sich komische Fragen stellen.

Wir bringen die Hunde, für die das Ufer hier zu steil ist, zum Stehen und klettern die Böschung hinauf, um uns sofort die Hütte anzusehen.

»Das Ding hat vier Sterne!«

Mitten in dem ziemlich großen Raum thront ein riesiger Ofen, und wir finden einen stattlichen Vorrat an Brennholz. Ich entzünde sofort ein Feuer. Montaine läuft im Zimmer herum und stürzt von einer Überraschung in die andere. Diane und mir ergeht es nicht anders. Wir freuen uns wie Kinder.

Ich fühle mich himmlisch. Zum ersten Mal, seit wir unsere Sommerhütte verlassen haben, kann ich mich gehen lassen, nach Herzenslust schlafen, ohne mich um irgend etwas sorgen zu müssen. Montaine wird nicht erfrieren. Das tut gut, so gut!

»Pfannkuchenteig, Schokolade!«
Wir fühlen uns wie Ölmagnaten!
Während Diane die Inventur fortsetzt, kehre ich zum Schlitten zurück. Ich lade ihn komplett ab, ehe ich zurückfahre. Wenn ich die Sachen, die wir heute morgen im Packeis zurückgelassen haben, nicht sofort hole, hole ich sie nie.
Die Hunde laufen schnell. Zwei Stunden später sind wir zurück.
In der Hütte ist es schön warm. Ich lege mich auf eine weiche Matratze und schlafe, mit Montaine in den Armen, ein, während Diane aus den gefundenen Schätzen ein Festessen kocht. Wir werden einen Zettel und etwas Geld für die Lebensmittel zurücklassen. Der Besitzer der Jagdhütte wird das verstehen.
Ich fühle mich himmlisch. Zum ersten Mal, seit wir unsere Sommerhütte verlassen haben, kann ich mich gehen lassen, nach Herzenslust schlafen, ohne mich um irgend etwas sorgen zu müssen. Montaine wird nicht erfrieren. Das tut gut, so gut!

WIEDER AUFBRECHEN

Noch 150 Kilometer bis zum Dorf.
Wenn wir das Futter etwas rationieren, können die Hunde noch fünf oder sechs Tage problemlos durchhalten.
»25 Kilometer pro Tag, das müßte doch zu schaffen sein.«
Am ersten Tag geht alles glatt. Mit –30° C ist die Temperatur ideal. Die Hunde sind ausgeruht und traben fröhlich über die Piste, die wir am Vorabend gespurt haben: 30 Kilometer.
Am zweiten Tag läuft es schon weniger gut. Mehrmals versperren uns große *slush*-Felder den Weg, dann offene Zonen und am Ende des Tages sogar Packeis. Die Bilanz: 18 Kilometer.
Am Morgen des dritten Tags verschlechtern sich die Bedingungen: Das Thermometer zeigt –40° C, und das Packeis zieht sich in die Länge. Wieder gleicht der Fluß einem Trümmerfeld. In die Daunenjacke gehüllt, schläft Montaine glücklicherweise viel, so daß wir sie nicht beruhigen oder beschäftigen müssen und uns ganz auf die Fahrt konzentrieren können. In der Nacht ist es so kalt, daß wir kaum ein Auge zutun. Montaine holt den versäumten Schlaf auf dem Schlitten nach. Würden wir jetzt einem Trapper begegnen, so wäre er nicht wenig überrascht, bei –40° C ein kleines Mädchen auf dem Schlitten schlafen zu sehen!
Wir marschieren wieder vor den Hunden, müssen uns aber häufig abwechseln, denn auf dem tückischen Geläuf im Packeis ermüden wir rasch.
Alle halbe Stunde kontrollieren wir die Temperatur in der Daunenjacke. Jeden Tag wechseln wir die Fünf-Volt-Batterie des kleinen Ventilators aus, der die warme Luft durch die Schläuche bläst. Eine Maske aus Eis bedeckt Dianes Gesicht. Ich sehe nur noch

Linke Seite
Nicolas und ich passen abwechselnd auf Montaine auf. So können wir uns etwas entspannen. Nicolas nutzt die Gelegenheit, um fürs Abendessen Waldhühner zu schießen.

Wenn ihr Vater einen Vogel erlegt hat, will Montaine ihn unbedingt in die Hand nehmen.

Rechte Seite
Von den Bewegungen des Schlittens gewiegt, schläft Montaine in ihrem beheizten Daunenschlafsack bei jeder Außentemperatur ein. Wir fahren dann noch vorsichtiger und nutzen die Stille, um unseren Gedanken nachzuhängen.

Montaine ist nur schwer im Zelt zu halten, wenn sie den ganzen Tag auf dem Schlitten gesessen hat. Es ist sehr eng, und im Nu hat sie das Innere in ein Schlachtfeld verwandelt.

ihre Augen, die teilweise hinter ihren gefrorenen, mit Rauhreifflocken verklebten Lidern verschwunden sind. Wir müssen durchhalten. Nur noch 90 Kilometer!

Heute abend haben wir –45° C! Es wird immer schlimmer. In der Nacht tun wir kein Auge zu. Montaine leidet nicht allzusehr unter der Kälte. Sie schmiegt sich in die Kuhle zwischen meinem Bauch und meinen Oberschenkeln und wird so von mir gewärmt. Nachdem ich nur zeitweise etwas gedöst habe, zünde ich gegen drei Uhr morgens den Ofen an. Während ich das Feuer unterhalte, schläft Diane endlich ein. Gegen sieben Uhr sinke auch ich in Schlaf. Das Erwachen eine Stunde später ist ernüchternd. Ich muß hinaus und Holz holen. Wir haben alles verheizt. Mit einer Stirnlampe bewaffnet, mache ich mich auf die Suche nach einer abgestorbenen Kiefer, was in finsterer Nacht keine leichte Übung ist.

Zum Glück fällt mir ein, daß ich gestern unweit des Zeltes ein oder zwei gesehen habe. Ich folge meinen Spuren vom Vorabend und finde sie ziemlich schnell.

Wir sind uns unschlüssig, ob wir bei der Kälte weiterfahren sollen.

»Es wäre unvernünftig, mit Montaine weiterzufahren. Der kleinste Zwischenfall wäre verhängnisvoll.«

»Willst du etwa hierbleiben und im Zelt versauern?«

Diane ist sich nicht darüber im klaren, wie gefährlich eine so extreme Kälte ist. Der geringste Fahrfehler kann tödliche Folgen haben. 90 Kilometer vor dem Ziel dürfen wir nicht leichtsinnig werden.

Und doch. Die Kälte kann noch Tage anhalten oder sogar noch schlimmer werden. Was dann?

»Hör zu, wir werden trotzdem weiterfahren. Mit der Heizung dürfte Montaine nicht allzusehr frieren. Wir müssen nur gut auf ihr Gesicht aufpassen. Ich kümmere mich um alles andere. Wir werden ganz langsam fahren. Es macht nichts, wenn wir heute nur zehn Kilometer schaffen.«

»Das ist mir immer noch lieber, als den ganzen Tag im Zelt zu hocken.«

Wir brechen auf.

Die Kälte ist beißend. Eine weiße Fahne hüllt uns ein und weht hinter uns her. Wir sind wie Phantome, die langsam durch eine Mondlandschaft ziehen.

Montaine ist tief in den Daunenanorak gekrochen. Zusätzlich haben wir sie mit allem zugedeckt, was wir haben.

Ohne Diane etwas davon zu sagen – ich will sie nicht beunruhigen –, habe ich den Notsender vom Schlitten genommen und in die Tasche unter dem Haltebügel gesteckt, wo ich ihn leicht erreichen kann. Am meisten Angst habe ich davor, in ein Wasserloch zu fahren. Wenn es uns in einem solchen Fall nicht gelingt, sofort ins Trockene zu kommen und ein Feuer zu entzünden, halten wir ohne Hilfe nicht lange durch. Wir tragen ein Feuerzeug, Streichhölzer und eine Kerze am Leib, alles wasserdicht verpackt, damit wir leicht Feuer machen können. Wenn man bei –45° C ins Wasser fällt, entscheidet eine Minute über Leben und Tod. Ich weiß im Schlaf, was dann zu tun ist. Das Wasser in den Kleidern gefriert augenblicklich. Da ist allerhöchste Eile geboten. An zahlreichen Stellen ist der Fluß offen, an anderen ist das Eis brüchig. Das macht das Fortkommen schwierig und gefährlich.

Otchum hat sich bei der Führungsarbeit im verharschten Schnee die Pfoten wundgescheuert. Deshalb plaziere ich Voulk an der Spitze. Er ist vor Freude völlig aus dem Häuschen!

Zwei Wölfe sind in der Nacht über den Fluß getrabt. Wir beschließen, ihrer Spur zu folgen. Voulk legt ein Wahnsinnstempo vor. Das gefällt mir nicht. Doch ich weiß auch, daß er dieses Tempo nicht lange durchhalten kann, und im Moment besteht keine Gefahr, denn der Fluß ist hier gleichmäßig zugefroren.

Plötzlich wird der Fluß schmaler. Eine blaugraue *slush*-Schicht taucht vor uns auf. Sie reicht von einem Ufer zum anderen. Das

MÉTRIQUE
ÉDITION 2

Eis scheint intakt zu sein, trotzdem würde ich lieber anhalten, ehe ich durch diesen Matsch rase. Zu spät, Voulk dreht völlig durch. Die Nase an der Wolfsspur, die Leine gespannt wie eine Violinsaite, reißt er die anderen Hunde mit. Wir steigen mit unserem ganzen Gewicht auf die Bremse, doch auf dem betonharten Eis greift sie nicht. Ich brülle, doch Voulk schert sich nicht darum. Ich habe die Kontrolle über unser Gefährt verloren. Es rast ohne Bremsen in vollem Tempo weiter.
Und dann der Horror. Ein Alptraum.
200 Meter vor uns klafft ein 100 Meter breites Loch in der Eisdecke. Das Wasser brodelt, als hätte es der gefrorene Fluß ausgespuckt, und wälzt sich unter wildem Tosen, ehe es zusammen mit den Eisblöcken, die es mit sich führt, ein Stück weiter grollend wieder verschwindet.
Und wir rasen direkt darauf zu, bei –45° C!

ICH GEBE MEIN LEBEN

Ich weiß nicht, ob Voulk noch der Wolfsspur folgt oder ob er nur vor der Strafe davonläuft, die er verdient hat. Ich brülle aus Leibeskräften, aber ohne Erfolg. Im Gegenteil. Die Hunde, die mich noch nie so wütend und ängstlich haben schreien hören, geraten in Panik und suchen ihr Heil in der Flucht.
Ein Teufelskreis. Alles geht sehr, sehr schnell.
Das Loch kommt näher. Das Knirschen der übers Eis kratzenden Bremse geht im Getöse des Wassers unter.
»Nimm Montaine und spring ab! Schnell!«
Diane zögert keine Zehntelsekunde. Sie reißt Montaine buchstäblich vom Schlitten und wirft sich zur Seite. Sie kugelt sich mit ihr im Schnee.
Das Loch kommt näher – 50 Meter.
Diane und Montaine sind außer Gefahr. Ich könnte jetzt ebenfalls abspringen und die Hunde mit dem Schlitten in das Loch rasen lassen, doch damit würde ich unser Todesurteil unterzeichnen. Ohne Ausrüstung würden wir bei der Kälte nicht lange überleben.
40 Meter. Otchum zieht nach links. Er hat die Gefahr gewittert, doch es ist zu spät. Der fünf Zentner schwere Schlitten wird vom eigenen Schwung fortgerissen.
Weit hinter mir höre ich sie rufen:
»Papa! Papa!«
Doch ich habe jetzt nur einen Gedanken:
»Der Notsender!«

Es muß mir gelingen, den Sender aus der Tasche zu holen. Sonst sind Diane und Montaine verloren. Doch mir bleibt nicht mehr genug Zeit, ihn herauszuholen und abzuspringen, ehe wir in das Loch stürzen. Jede Sekunde bringt uns dem Wasser in einem Wahnsinnstempo näher. Ich werde auf dem Schlitten bleiben und versuchen, den Sender aus der Tasche zu ziehen und hinter mich zu werfen, ehe wir verschlungen werden. Das ist die einzige Lösung, die einzige Überlebenschance für Diane und Montaine.
Ich werde es schaffen. Ich muß.
Mein Leben ist mir gleichgültig, völlig gleichgültig. Offen gestanden denke ich kaum daran, denn der Gedanke an den Sender drängt alles andere in den Hintergrund.
Diane wird auf den Knopf drücken, und zwei, drei Stunden später wird ein Hubschrauber sie holen. Alles, was sie zum Feuermachen braucht, hat sie in der Tasche. Es ist noch früh am Morgen. Sie kann den ganzen Tag auf Rettung warten. Sie werden gerettet werden, nur das zählt.
20 Meter.
Wenn es mir gelungen ist, den Sender hinter mich zu werfen, werde ich natürlich versuchen, das Eis gegenüber zu erreichen, doch das Wasser drückt mit ungeheurer Wucht in den Tunnel, und

Bei starker Strömung friert der Fluß auch bei extremer Kälte nicht zu. Die Gefahr kann hinter eine Biegung oder unter einem dünnen Eisfilm lauern.

Linke Seite
Nicolas hat die Schlittenholme mit Fell umwickelt, damit sich Montaine nicht den Kopf anschlägt. Außerdem sollen die Polster die Stöße beim Fahren dämpfen.

Rechte Seite
Regelmäßig tauen wir mit den Fingern Montaines eisverklebte Wimpern auf. Auch die Puppe in ihrem Arm ist warm angezogen. Nicolas hat ihr zu Weihnachten den gleichen Mantel genäht, den Montaine trägt.

Nicht der Stiefel hält warm, sondern das Wollfutter. Dicke Filzsohlen schützen den Fuß vor dem kalten Boden. Am Ende der Reise bietet unser Schuhwerk, in Eis und Schnee zerschlissen, einen traurigen Anblick.

die Ränder des Lochs sind glatt und brüchig. Eine regelrechte Todesfalle. Das aufs Eis spritzende Wasser macht die Oberfläche glitschig, ganz zu schweigen von den Eisblöcken, die wie Korken am Rand entlangtanzen und mich zerquetschen könnten. Gesetzt den Fall, ich werde nicht von den Strudeln verschluckt, bevor ich die andere Seite des Lochs erreiche, wie soll ich dann Halt finden? Lange davor wird mich die Kälte packen. Ich muß auf dem Schlitten bleiben. Vielleicht geht er nicht unter, vielleicht kann er mir als Stütze dienen. Unsinn! Er wird mit den Hunden sofort versinken. Hoffentlich kriege ich den Sender zu fassen und kann ihn aus dem Loch werfen!
Lieber Gott, mach, daß ich es schaffe. Zehn Meter.
Das Loch ist fürchterlich. Das Wasser brodelt grauenerregend und tobt in der Falle wie ein wildes Tier an der Kette.
Otchum zieht entschlossen nach links, und obwohl er nicht an der Spitze läuft, folgen die Hunde seinem Beispiel und rasen dicht am Loch entlang.

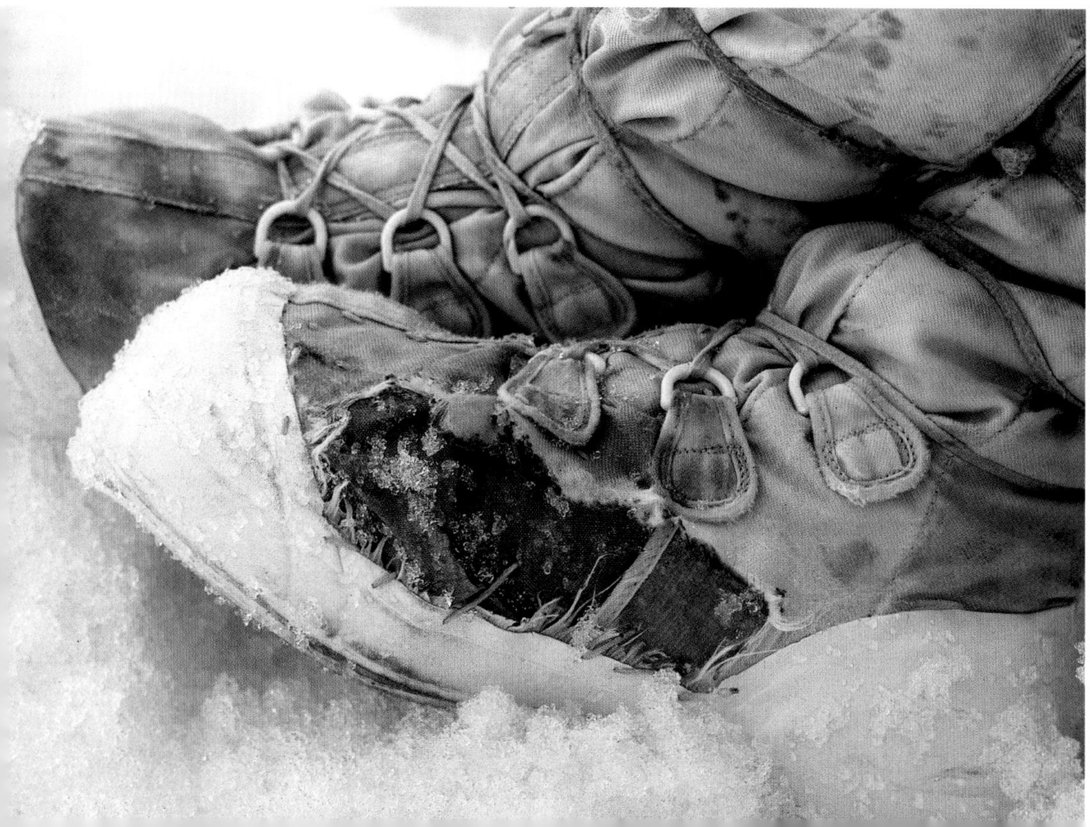

Fünf Meter. Gleich stürzen wir hinein.
Schlitten und Gespann bilden einen rechten Winkel. Angesichts der drohenden Gefahr ist im Gespann wieder Ordnung eingekehrt, obwohl sich ein paar Leinen verheddert haben. Ich werfe mich mit meinem ganzen Gewicht auf die Außenkufe, so wie sich ein Skifahrer in der Kurve auf den Außenski stellt. Der Schlitten reagiert und rutscht nun, vom eigenen Gewicht fortgerissen, seitwärts auf das Wasser zu. In panischer Angst vor dem Wasser verdoppeln die Hunde ihre Kräfte, schlagen ihre Krallen ins Eis und geben dem Schlitten Halt. Haarscharf schrammen wir am Rand des Loches vorbei. Leider sind wir zu spät abgebogen. Eine Kufe rutscht über den Rand und taucht ins Wasser. Ich werfe mich mit aller Kraft auf die linke Kufe, um den Schlitten im Gleichgewicht zu halten, doch er neigt sich zur Seite. Ein prekäres Gleichgewicht.
Der Schlitten neigt sich weiter nach unten.
Ich würde jetzt gern vier Zentner wiegen, um ihn zu halten.
Ein Stoß!
Die rechte Kufe knallt gegen die Kante und schrappt knirschend über sie hinweg. Von Torok und Nanook unterstützt, zieht Otchum den Schlitten vom Loch fort. Voulk, dieser Idiot, stürmt weiter am Wasser entlang, doch die drei Kraftprotze reißen ihn buchstäblich mit, so daß er sich plötzlich hinter ihnen wieder findet und Otchum vorneweg läuft!
Wir gleiten einige Meter am Loch entlang, einen halben Meter vom Wasser entfernt.
»Yap, Tschum!«
Der Schlitten gleitet nach links.
Gerettet!
»Hooooo!«
Otchum bleibt sofort stehen und stoppt das Gespann. Die Bremse greift. Der Schlitten kommt zum Stehen.
Stille.
Tiefe Stille.
Ich verschnaufe ein wenig, dann eile ich zu Diane und Montaine. Im Vorbeilaufen küsse ich Otchum auf die Schnauze.
Ich habe jetzt nicht die Kraft, Voulk zusammenzustauchen, der sich, ganz reuiger Sünder, platt aufs Eis drückt.
Unser Wiedersehen mitten auf dem Fluß ist schön. Keinerlei Freudenbekundungen, nur ein Blick, den ich niemals vergessen werde.

Dieses seltsame und trübsinnig machende Licht erfüllt uns mit einem unbeschreiblichen Gefühl der Angst. Es steht geschrieben, daß wir niemals ankommen werden.

Ich nehme Montaine in die Arme und drücke meine Wange an ihre süßes Puppengesicht.
»Mein Schatz, mein lieber Schatz!«
»Papa, Taitaine Angst!«
»Aber nein, mein Schatz, es ist vorbei. Alles wird gut.«

ENTTÄUSCHUNG

Die Kälte läßt nicht nach in ihrem Würgegriff. Das Thermometer schwankt zwischen –35° C und –45° C wie ein Schiff auf den Wellen, und wir gleiten unter einem bleiernen Himmel dahin, schweigend und doppelt wachsam.
Es geht nur langsam voran. Wir umkurven die zahlreichen offenen Zonen, und der Schnee ist so tief, daß immer einer von uns vorausgehen muß.
Der Fluß ist mittlerweile 500 bis 600 Meter breit und mit Inseln übersät. Wir haben die Futterration für die Hunde ein weiteres Mal gekürzt. Auf diese Weise können wir noch vier Tage durchhalten. Wenn wir im Durchschnitt 20 Kilometer pro Tag zurücklegen, erreichen wir noch rechtzeitig die Brücke.
Doch der Stikine hat etwas dagegen. 70 Kilometer vor dem Ziel macht er plötzlich eine Biegung nach Westen und vereinigt sich mit einem großen Nebenfluß, dem Spatsizi. An der Mündung türmt sich wieder das Eis. Ein unbeschreibliches Chaos versperrt uns den Weg.
»Jetzt reicht's mir aber. Ich habe von diesem Scheißfluß endgültig die Nase voll!«
Das ist zuviel. Das haben wir nicht verdient. Was haben wir dem Norden angetan, daß er uns so bestraft?
Risse im Eis halten uns auf. Sie bilden regelrechte Rinnen von 20 Metern Breite.
Und wie der Zufall es will, verschwindet in diesem Augenblick die Sonne, und ein trister, bleifarbener Wolkenschleier breitet sich über den Himmel. Dieses seltsame und trübsinnig machende Licht erfüllt uns mit einem unbeschreiblichen Gefühl der Angst. Es steht geschrieben, daß wir niemals ankommen werden.

Packeis, Risse, dünnes und gefährliches Eis, wir haben mit allen Schwierigkeiten zu kämpfen, auf die ein Hundeschlittenlenker auf einem Fluß nur stoßen kann.
Wir wollen nicht mehr. Wir haben nur noch einen Gedanken: Ankommen, endlich ankommen. Wir finden uns damit ab, daß wir bis zum Ende mit Schwierigkeiten zu kämpfen haben werden.
»Taitaine Angst!«
Wir schleppen uns durch das Eislabyrinth, doch der Schlitten neigt sich so stark nach allen Seiten, daß Montaine sich nicht festhalten kann.
Wir gönnen uns eine kleine Pause, dann ziehen wir weiter. Auf den nächsten zwei Kilometern kämpfen wir uns durch 60 Zentimeter hohen Schnee. Dann stoßen wir wieder auf Packeis. Immer wieder müssen wir anhalten. Die Hunde haben die Freude am Laufen verloren und machen schlapp. Wir müssen sie anschnauzen, schieben, unter Aufbietung aller Kräfte den Schlitten wieder flottmachen, wenn er in Eis und Schnee steckengeblieben ist. Wie Zombies schlagen wir am Abend unser Lager auf.
Am nächsten Tag dasselbe Lied. Neun Stunden lang kämpfen wir gegen Schnee und Eis und müssen auf dem Fluß ständig Wasserlöcher umkurven, die uns in ihren tödlichen Rachen zu locken scheinen. Das Thermometer sinkt, nachdem es vorübergehend etwas gestiegen ist, erneut auf –40° C.
Das Packeis nimmt kein Ende. Der Fluß ist ein einziges Trümmerfeld. Wir beklagen uns nicht einmal mehr. Uns fehlt die Kraft dazu. Die Hunde ziehen schicksalsergeben. Jeder Kilometer ist ein Kampf.
Auch Montaine beschwert sich nicht mehr. Sie erträgt alles mit bewundernswerter Geduld, als sei ihr bewußt, welche Anstrengung uns allen abverlangt wird, um diese schwere Prüfung mit Anstand hinter uns zu bringen.
Wir erweisen ihr jede Aufmerksamkeit. Montaine ist der Mittelpunkt, um den sich alle unsere Entscheidungen drehen, der Mittelpunkt der Welt, unserer Welt: dieses weißen Meeres, auf dem wir uns wie Seiltänzer bewegen.

Linke Seite
Montaine beobachtet gebannt, was Nicolas aus dem schwarzen Loch im Eis zieht, und ich behalte sie scharf im Auge und verbiete ihr, zu nahe an den Rand zu treten. Aber sie weiß um die Gefahr und versucht nie, nach dem Netz oder den Fischen zu greifen, was sie im Sommer gern getan hat.

Oben links
Montaine wird größer und sicherer im Umgang mit den Hunden. Auch das Laufen im tiefen Schnee bereitet ihr keine Schwierigkeiten mehr.

Oben rechts
Unser Tochter versäumt keine Gelegenheit, den Clown zu spielen, und lacht herzhaft, wenn sie ein dankbares Publikum findet.

Rechte Seite
Dank Otchums Umsicht und Erfahrung können wir es uns erlauben, am lebhaft fließenden Wasser von Flüssen entlangzufahren. Wenn er das Gespann führt, wissen wir, daß uns nichts zustoßen wird. Voulk ist noch zu jung und mitunter ein »Bruder Leichtfuß«. In schwierigem Gelände stellen wir ihn nicht an die Spitze.

WAS FÜR EIN TIER!

»Was das?«
Montaine wiederholt diese Frage pausenlos, seit die große Stahlbrücke, die sich über den Fluß spannt, in Sicht gekommen ist. Was sollen wir ihr antworten? Wie können wir es ihr erklären?
»Das ist eine Brücke, Montaine.«
Sie reißt die Augen auf. Neugier und Angst sprechen aus ihrem Blick.
»Wir haben es geschafft! Wir haben es geschafft!«
Ich schreie es laut hinaus. Ich brülle und küsse Diane ungestüm auf den Mund. Montaine klatscht in die Hände und wiederholt:
»Hurra! Hurra! Bravo Montaine.«
»Jawohl, bravo Montaine, bravo Diane.«
Die Erregung verschlägt uns den Atem und erreicht ihren Höhepunkt, als wir Otchum den Befehl geben, das Ufer zu erklimmen. Direkt unter der Brücke klettern wir die Böschung hinauf. Ich gehe voraus, um die Hunde anzuspornen. Aber diese Teufelskerle brauchen keine Aufmunterung. Sie haben die Brücke gesehen und jagen in einem Rutsch bis zur Straße hinauf.
»Hoooo! Gut gemacht, Hunde, ihr seid echte Champions!«
Ich streichle zärtlich einen nach dem anderen.
Die Straße! Wir sind am Ziel!
Montaine hockt mit offenem Mund da und betrachtet mit einer Mischung aus Furcht und Bewunderung diese große, ebene und gerade Fläche. Sie kann es nicht fassen!
Diane zieht sie aus der Daunenjacke und stellt sie auf die Straße. Montaine ist sprachlos und wagt sich nicht zu rühren. Nach einigen Aufmunterungen macht sie einen Schritt, einen zweiten, dann lacht sie und fängt an zu laufen. Es ist seit Monaten das erste Mal, daß sie auf einem harten, ebenen Boden ungehindert laufen kann. Sie nutzt die Gelegenheit.
Ich gehe selbst ein paar Schritte auf der körnigen Makadamdecke, die stellenweise etwas Schnee bedeckt. Ich fühle mich wirklich eigenartig, als sei in meinem Innern eine große Leere entstanden, in die nun ein ebenso großes Glücksgefühl strömt und mir den Atem nimmt.
Ich fühle mich leicht, so leicht. So gut.
Ich lächle Diane an. Sie lächelt zurück. Wir küssen uns noch einmal. Wir sagen nichts, wir sind von unseren Gefühlen überwältigt.
Ein fernes Brummen holt uns in die Realität zurück. Ein Geländeauto kommt den Berg herunter.
»Horch! Papa, horch!«
Sie ist entzückt. Da kommt ein Tier! Vielleicht wird sie es sehen. Sie blickt in die Richtung, aus der das Brummen kommt, und wartet. Das Brummen wird lauter, durchdringt die Luft, ohne etwas von seiner ersten Klarheit zu verlieren.
Dann taucht das Auto in der Ferne auf, ein kleiner schwarzer Punkt auf dem grauen Band der Straße.
Montaine hat es gesehen. Sie ist total aufgeregt.
»Elle, Papa, da, Elle!« sagt sie fragend.
»Nein, Montaine, das ist ein Auto.«
Sie kennt dieses Tier nicht. Es kommt näher. Das Brummen wird aggressiv. Montaine kommt zu uns gerannt.

Montaine begnügt sich nicht damit, passiv die Landschaft zu betrachten. Sie möchte immer beteiligt sein, besteht darauf, daß wir ihr auf der Landkarte die Route zeigen, will wissen, wohin wir fahren.

Sie runzelt die Stirn und wirft sich mir in die Arme.
»Taitaine Angst!«
»Hab keine Angst, Montaine. Das Auto ist nicht gefährlich. Autos sind lieb.«
Der Geländewagen rollt auf uns zu. Das laute Motorgeräusch wirkt beängstigend.
Montaine umklammert mich mit der ganzen Kraft ihrer kleinen Arme und zittert am ganzen Leib. Sie weint vor Angst. Sie sieht weg und birgt das Gesicht an meinem Hals. Das Auto hält direkt neben uns an.
Die Hunde sind aufgestanden und knurren nervös.
»Ganz ruhig, meine Hundchen. Sitz!« befiehlt ihnen Diane, während ich versuche, Montaine zu beruhigen.
Sie heult ohne Unterlaß.
Es ist schrecklich!
»Taitaine Angst!« Sie klammert sich mit aller Kraft an mich.
Ich entferne mich mit ihr von Straße und Auto und gehe in den Wald. Erst im Schutz der Bäume beruhigt Montaine sich wieder etwas.
»Hab keine Angst, Montaine. Das ist ein Auto. Wir sind am Ziel, verstehst du? Wir werden Häuser sehen, Menschen. Du brauchst keine Angst zu haben.«
»Taitaine Angst.«
Was tun?
Ich deute durch die Tannenzweige, die eine Art Schutzschild bilden, auf das Auto. Schließlich siegt die Neugier über die Angst, und sie sieht hin.
Diane hat die Hunde beruhigt und tritt jetzt an den Wagen, in dem ein bärtiger Mann um die Fünfzig sitzt. Er guckt ebenso erstaunt wie Montaine.
»Guten Tag!« sagt Diane auf englisch. »Das ist das erste Auto, das wir seit acht Monaten sehen. Meine Tochter hat Angst, deswegen ist mein Mann mit ihr in den Wald gegangen. Das Auto macht ihr angst!«
Der Mann stammelt mehrmals verdutzt:
»*My God, my God!*«
Er kann es nicht fassen, der Arme.
Wir treten ganz langsam näher. Montaine hat sich beruhigt. Sie hält mich umklammert und sagt nur immerzu:
»Taitaine Angst.«
Seit einigen Wochen bemerken wir eine ziemlich einschneidende Veränderung in ihrem Verhalten. Zu Beginn der Reise hat sie sich stets an ihre Mutter gewandt, wenn sie Angst oder Kummer hatte. Nur Diane konnte sie beruhigen oder trösten. Jetzt läßt sie sich von Mama trösten und von Papa beruhigen, als hätte sie begriffen, daß ich in dieser Welt, in der sich bei Gefahr auch Diane auf mein Urteil verläßt, erfahrener und kompetenter bin.

ERSTE KONTAKTE

Ich halte sie fest in den Armen und drücke meine Wange an ihr Gesicht. Der körperliche Kontakt beruhigt sie, und ich erkläre es ihr immer wieder.
»Das ist ein Auto, Montaine, und kein Tier. Das Auto ist lieb.«
Der Fahrer des Geländewagens stellt den Motor ab, dann steigt er schwerfällig aus und sieht uns groß an.
»*My God, eight months! My God!*«
Er betrachtet Montaine mit einer merkwürdigen Mischung aus Bewunderung und Neugier.

»Steigen Sie ein. Wir haben heute –35° C!«
Wir brechen in Lachen aus.
»Wissen Sie, wir sind seit acht Monaten im Freien!«
»*My God, my Gods!*«
Der arme Kerl kann es nicht begreifen. Er kratzt sich am Kopf, betrachtet die Hunde, den Schlitten, Diane und Montaine, schafft es aber nicht, seine Gedanken zu ordnen.
Wir fragen ihn, ob er uns in das 60 Kilometer entfernte Dorf mitnehmen könnte. Klar, sagt er freundlich, ohne zu zögern.
Ich suche einen sonnigen Platz am Fluß und binde die Hunde an, dann steigen wir in den Wagen. Für Montaine ist alles ganz neu. Wir haben ein mulmiges Gefühl, als wir in das Dorf kommen. Montaine sagt kein Wort. Fassungslos betrachtet sie die Häuser, die Lichter und all die fremden Menschen.
Diane erklärt ihr alles mit Adjektiven, die ihr vertraut sind.
»Sieh mal, die Menschen, wie nett sie aussehen, die schönen Häuser, die hübschen Lichter.«

Roy setzt uns vor dem einzigen Motel im Ort ab, der aus etwa 50 Häusern, einer Tankstelle, einer Kneipe und einem kleinen Laden besteht.
Montaine hat ihre Angst überwunden. Verwundert läßt sie sich führen. Und offen gesagt, uns geht es nicht viel anders. Roy bleibt an der Rezeption des Motels zurück, während wir uns auf unser Zimmer begeben, und erzählt von seiner Begegnung mit den Außerirdischen am Stikine.
Montaine ist wie betäubt von den vielen neuen Eindrücken. Trotzdem untersucht sie vorsichtig jeden Gegenstand im Zimmer: das Telefon, die Lampen, den Kühlschrank, den Fernseher. Uns ist leicht schwummrig. Liegt es an der Hitze im Zimmer oder an dem abrupten Ortswechsel?
Es ist ein feierlicher und herrlicher Augenblick. Mehrmals habe ich die Wassertemperatur überprüft. Ich schäme mich ein wenig, es zu sagen, aber das ist ohne Zweifel der schönste Augenblick unserer Reise.

Oben links
Wenn ich mein Gesicht entblöße, gleicht es einer maßgefertigten Maske aus Eis.

Oben rechts
Bei Temperaturen unter –40° C schauen nur noch meine Augen hervor. Ich binde mir einen Schal um Mund und Nase und ziehe die Kapuze darüber, damit er nicht verrutscht, stülpe mir eine Pelzmütze über die Ohren und atme durch den Mund aus, damit die Luft mein Gesicht wärmt.

Heiß baden und dabei genüßlich ein kühles Bier trinken.
Es ist genau so, wie wir es uns erträumt haben. Einmalig, phantastisch.
Das warme Wasser dringt in alle Poren und erzeugt ein herrliches Prickeln auf der Haut. Automatisch schließe ich die Augen. Die Anspannung löst sich, die Muskeln erschlaffen. Die Entspannung erreicht ihren Höhepunkt.
Auch Montaine steigt mit großem Vergnügen ins heiße Wasser. Ich sehe uns an und lache vor Glück.

RUNDERNEUERT

Nach fünftägiger Pause sind wir wieder unterwegs. Die Hunde haben sich wieder ihr altes Gewicht angefressen und sind in Olympiaform. Wir haben den Schlitten, der im Packeis an mehreren Stellen gebrochen war, repariert, unsere vor Fett und Harz starrenden Kleider gewaschen und die Geschirre geflickt. Wir sind runderneuert und voller Power.
Mit –30° C ist die Temperatur ideal. Trapper, die zwischen Dease Lake und dem Atlinsee ihrem Gewerbe nachgehen, haben mit ihren Schneemobilen eine herrliche Piste gespurt. Die Hunde traben fröhlich dahin und können sich nach fünf Tagen wohlverdienter Ruhe richtig austoben. Wir sind bester Dinge. Wir haben bisher zwar nur ein Viertel der Strecke von unserer Blockhütte nach Alaska zurückgelegt, doch wir wissen, daß der härteste Teil hinter uns liegt. Bis Dawson sind es noch 1 500 Kilometer.
Wir schreiben den 1. März. Die Sonne steigt jeden Tag etwas höher, und wir können unsere Marschzeit etwas verlängern, weil es abends länger hell bleibt. Bei einem durchschnittlichen Tagespensum von 70 Kilometern könnten wir Dawson noch vor Ende April erreichen. Und dieses Pensum ist zu schaffen, wenn wir bis Whitehorse den Trappertrails folgen und dann die Piste des härtesten Hundeschlittenrennens der Welt, des berühmten Yukon Quest, benutzen.
»Hoffentlich schneit es nicht, bevor wir in Whitehorse sind, das ist unsere einzige Chance, Dawson zu erreichen.«
»Ist das die einzige Piste? Gibt es dort keine Trapper?«
»Es gibt keine andere Route. Das ist ein richtiges Niemandsland.«
Also haben wir beschlossen, so schnell wie möglich nach Whitehorse zu flitzen, und die Hunde schlagen alle Rekorde. Mit acht bis zehn Stundenkilometern traben sie stundenlang, ohne im Tempo nachzulassen, und das mit 350 Kilo im Gepäck!

Montaine genießt die schnelle Fahrt. Sie interessiert sich lebhaft für Tierspuren: die lineare Fährte des Luchses, die Y-förmige des Hasen, die breite des Elchs ...
Wir suchen uns einen Lagerplatz, der schön eben ist und einen herrlichen Ausblick bietet und einigen trockenen Kiefern in der Nähe. Wir kommen gut voran und schaffen an manchen Tagen über 80 Kilometer.

AUF DER PISTE DES YUKON QUEST

Am 9. März erreichen wie den Atlinsee. Ein Trapper spurt uns die Piste bis Carcross und zeigt uns den Weg bis zum Tagishsee.
Zwei Tage später erreichen wir nach einer 110-Kilometer-Etappe, die uns auch am Labergesee entlangführt, Whitehorse.

Montaine kriecht gern aus ihrem Daunennest, ruft: »Kalt draußen«, schlüpft lachend in den Schlafsack zurück.

Linke Seite
Montaine entdeckt jeden Tag etwas Neues und wird immer empfänglicher für die Schönheit der Landschaft. Wenn die Sonne die Bergflanken anstrahlt, ruft sie verzückt: »Oh, wie schön!«

Wir haben bisher zwar nur ein Viertel der Strecke von unserer Blockhütte nach Alaska zurückgelegt, doch wir wissen, daß der härteste Teil hinter uns liegt. Bis Dawson sind es noch 1 500 Kilometer.

Im Yukon Territory zwischen Whitehorse und Dawson. Wir fahren auf der berühmten und legendären Piste des Yukon Quest, des schwierigsten Hundeschlittenrennens der Welt: 1600 Kilometer durch die Wildnis von Yukon und Alaska.

Rechte Seite
Seit dem Beginn unserer Reise hat Montaine nicht mehr das Puppengesicht, ihre Züge sind mädchenhafter geworden. Auch ihr Wortschatz ist gewachsen, unterscheidet sich aber deutlich vom Vokabular gleichaltriger Kinder. Ihre Wörter kreisen um das Reisen, die Kälte, die Tiere.

Zwei Tage Pause, dann stürzen wir uns in Rekordlaune auf die legendäre Piste des Yukon Quest. Wir haben uns per Auto in Carmacks ein Depot mit Hundefutter anlegen lassen und reisen daher mit leichtem Gepäck.
Der einzige Wermutstropfen ist die Kälte, die mit Temperaturen um −40° C in dieser Jahreszeit rekordverdächtig ist. Doch wir sind abgehärtet, und am Tag wärmt die Sonne.
Manchmal finden wir an der Strecke eine Hütte. Es ist jedesmal ein Fest, wenn wir das Zelt nicht aufstellen müssen und im Warmen schlafen können. Aber wir begegnen keiner Menschenseele.
Wir haben Glück. Seit dem Rennen hat es praktisch nicht mehr geschneit. Wir gleiten über eine herrliche Piste, die über 20 Schlitten und 250 Hunde plattgewalzt haben.
Hinter dem Labergesee mit seinen zerklüfteten Ufern tauchen wir wieder in den Wald ein, hüpfen gewissermaßen von einem kleinen See zum anderen, müssen auf der schmalen Piste aber aufpassen, daß wir keinen Baum rammen. Die Organisatoren des Rennens haben Kreuze aufgestellt, um die Musher vor besonders schwierigen Passagen zu warnen. Doch unser Gefährt ist doppelt so groß wie ein Rennschlitten, und namentlich auf abschüssigen Strecken haben wir einige Probleme, die Kurven zu meistern. Mehrmals ecken wir heftig an, doch zum Glück nimmt der Schlitten keinen Schaden.
Die Hunde beeindrucken mich. Ich hätte nie gedacht, daß sie so lange eine solche Last ziehen und dabei ein so hohes Tempo gehen können.
Gegen Mittag rasten wir eine Stunde in der prallen Sonne, damit die Hunde etwas verschnaufen können. Montaine tollt im Schnee um den Schlitten herum.
Die Kälte stört sie immer weniger. Sie hat sich angewöhnt, abends draußen zu spielen. Bei −30° C spielt sie ohne Handschuhe mit den Hunden, sammelt Holz, beobachtet, was wir tun, um es uns nachzumachen und zu helfen. Wenn die Kälte wirklich unerträglich wird, schlüpft sie ins Zelt und wärmt sich am Ofen auf, kommt aber bald wieder heraus. Eine richtige kleine Indianerin, braun wie Schokolade. Sie sieht goldig aus mit ihrem Mantel aus Biberpelz und ihren Mokassins aus Elchleder.
Am 17. März erreichen wir die Goldgräberstadt Carmacks. Bis Dawson sind es nur noch 450 Kilometer.
Wir verlassen Carmacks auf einer kleinen Straße. Sie ist verschneit, doch Autofahrer, die sie benutzen, um zu den Goldminen zu gelangen, haben den Schnee plattgefahren. Die Hunde traben mit mehr als zehn Stundenkilometern. Nach 20 Kilometern biegen wir von der Straße in den Wald ab und folgen der Piste, die noch aus der Zeit des Goldrauschs am Klondike stammt, der Jack London zu seinen berühmten Romanen inspiriert hat, und von den Organisatoren des Yukon Quest instand gehalten wird.
Die Landschaft verändert sich. Wir lassen die Rocky Mountains im Osten liegen und durchqueren den hügeligen Teil von Yukon, der mit seiner Abfolge von Erhebungen und weiten Tälern weniger anheimelnd, oft ein wenig karg wirkt. Hier fühlen wir uns noch kleiner, noch verletzlicher. Selbst die Tiere sind aus der Gegend geflüchtet – nur noch selten kreuzen wir ihre Spuren.
Die Kälte behält uns fest im Griff. An Temperaturen bis −30° C haben wir uns gewöhnt, doch wenn es noch kälter wird, leiden wir. Seitdem wir unterwegs sind, ist doch alles ungewöhnlich: Dauerregen im Indianersommer, Hitzerekord von fast null Grad Mitte Januar und −40° C wenige Wochen vor Frühlingsanfang!
Kleine, an der Spitze mit fluoreszierenden Plastikstreifen versehene Pflöcke markieren die Strecke des Yukon Quest. Das ist beruhigend. Auch wenn es nur einen Weg gibt und wir uns daher

unmöglich verirren können. Doch dieses Niemandsland ist leer wie der Himmel und in seinem Geiz ziemlich beängstigend.

EINE TÜR IN MEINEM HERZEN

Ich weiß nicht, ob der Film, das Buch oder die Fotos, die wir von dieser Reise mitbringen werden, jemals vermitteln können, was wir in dieser eisigen, stillen Weite empfinden, abseits von jeder Zivilisation, mit dem größten und kostbarsten aller Schätze dieser Welt, unserer kleinen Tochter.

Seit zwei Jahren Vater, hätte ich mir niemals träumen lassen, daß ich ein Kind so lieben könnte. Eine Tür hat sich in meinem Herzen aufgetan. Wenn Montaine mich anlächelt, lächelt mich die ganze Welt an. Wäre ich in Frankreich geblieben, hätte ich meine Tochter, wie die meisten Väter, nur wenige Stunden in der Woche gesehen, an den Abenden und gelegentlich am Wochenende. Das Leben hätte mich der schönsten Monate mit meiner Tochter beraubt, jener Monate, in denen sie die Welt entdeckt, ihre Sinne ausbildet, sprechen lernt.

Es geht ständig bergauf und bergab. Ein Hügel folgt dem anderen. Wir fahren über ein Meer mit riesigen Wellen, ohne jemals einen Hafen oder wenigstens andere Schiffe zu sehen. Langsam werden wir seekrank. Es wird Zeit, daß wir die Küste ansteuern und wieder festen Boden unter die Füße bekommen.

Noch etwas mehr als 250 Kilometer bis Dawson. Wir dringen in die düstere Landschaft der Black Hills vor. Hügel reiht sich an Hügel, alle mit sehr dunklen Tannenwäldern bewachsen. Es gibt nur einen Weg, der sich durch diese Wildnis schlängelt. Hin und wieder überqueren wir einen Fluß, dann endlich öffnet sich die Landschaft, doch ein paar Kilometer weiter tauchen wir wieder in den Schatten bewaldeter Hügel ein. Immer wieder müssen wir mehrere Hundert Meter lange Steigungen erklimmen. Dann gehen wir hinter dem Schlitten her und spornen die Hunde an, die in kleinen Etappen die schwere Last bis zum Gipfel schleppen.

Montaine liebt die Abfahrten. Manche Hänge sind so steil, daß wir es mit der Angst bekommen. Die Hunde preschen im Galopp bergab. Ein falsches Manöver, und der Schlitten überschlägt sich und rollt wie ein Faß zu Tal. Montaine könnte das Schlimmste zustoßen. Wenn uns der Hang zu gefährlich erscheint, steigen wir voll auf die Bremse und wickeln zusätzlich ein Seil um die Kufen.

Wir absolvieren Etappen von 50 bis 60 Kilometer täglich. Mittags machen wir mindestens eine halbe Stunde Rast und entzünden ein Feuer, um uns aufzuwärmen, vor allem aber, damit Montaine ein wenig spielen kann, ohne Frostbeulen zu riskieren. Die Heizung funktioniert immer noch tadellos.

Im Gesicht ist Montaine nicht kälteempfindlich, um so mehr aber an den Füßen. Deshalb fragen wir ständig nach der Heizung, denn wir können nicht feststellen, ob sie kalte Füße hat, ohne ihr Mokassins und Strümpfe auszuziehen, und das käme einem Fußbad in Eiswasser gleich.

Am Morgen –42° C. Ein Rekord für Ende März.

Seit Monaten an die eisige Kälte gewöhnt, kriecht Montaine tief in den Sack und läßt oben nur ein kleines Loch frei, aus dem sie herausschaut. Ihre großen, von Rauhreif gerahmten Augen sind konzentriert auf die Piste und die Hunde gerichtet, die sie von Zeit zu Zeit anfeuert.

»Los, Hunde, los!«

Wenn Montaine genug hat oder sich langweilt, benutzt sie die Kälte als Vorwand, um unsere Aufmerksamkeit zu erregen. Aber ihre Hände sind so warm wie zwei ofenfrische Brötchen.

Linke Seite
Ein anstrengender Tag in den Black Hills. Die Fahrt geht unablässig über Schrägen. Bei einem Sturz in den Schnee wird Montaine unsanft aus dem Schlaf gerissen.

Montaines von Rauhreif gerahmte Augen sind konzentriert auf die Piste und die Hunde gerichtet.

Rechte Seite
Die Hunde spüren, daß unser Abenteuer hier zu Ende ist, da bin ich mir sicher. Topfit in Dawson [oben] angekommen, genießen sie die Sonne, die allmählich die Luft erwärmt. Im Sommer dürfen sie auf der faulen Haut liegen, aber im Herbst beginnt schon wieder das Training, denn neue Aufgaben warten auf sie.

Folgende Doppelseite
Montaine kommt aus dem Staunen nicht heraus. Wir haben soeben das Ufer des Yukon erklommen und stehen nun auf der Hauptstraße von Dawson. Sie spricht kein Wort und klammert sich, die Augen weit aufgerissen, an den Schlitten wie an einen Rettungsring.

Es ist eine Freude, in der kalten, glitzernden Morgenluft ihre kristallklare Kinderstimme zu hören.
Es geht bergauf. Die Hunde plagen sich. Der Hang ist steil. Trotz der Kälte geraten wir ins Schwitzen. Je höher wir kommen, desto weiter wird die Landschaft.
»Bist du sicher, daß irgendwo da hinten eine Stadt liegt?«
Diane hat recht. Es ist schwer zu glauben, daß es hier eine Ortschaft geben soll. Das Land gleicht einem Meer. Hier oder 200 Kilometer weiter, überall dasselbe Bild, dieselbe wellige Landschaft, dieselben Farben, dieselben Bäume, dieselben Täler. Wie soll man glauben, daß in dieser endlosen Landschaft noch etwas anderes existiert?
Wind kommt auf, wirbelt den Schnee hoch, bildet Schneewehen, deckt die Piste zu. Mühsam zieht der Schlitten eine Furche mit kantigen Rändern.
»Mir ist kalt!«
Wir sehen zu, daß wir möglichst schnell den Gipfel erreichen. Zum Glück folgt Otchum von allein der Piste. Mit der Nase am Boden erschnüffelt er den unsichtbaren Faden unter dem Schnee, der uns nach Dawson führt wie ein Licht in der Nacht.
Die Böen nehmen Sturmstärke an, der Himmel bedeckt sich, die Temperatur steigt. Innerhalb weniger Stunden klettert das Thermometer von –45° C auf –25° C, doch der Wind verstärkt das Kälteempfinden. Diane zieht eine dicke Daunenjacke an. Unsere Hände werden regelmäßig starr vor Kälte, und wir lassen die Arme kreisen, um die Blutzirkulation anzuregen.
Gut 20 Kilometer weit folgen wir dem Kamm eines kahlen Hügels. Die Hunde legen ein gutes Tempo vor, obwohl der Wind ihnen das Fortkommen erschwert. Gegen 16 Uhr geht es endlich hinab in ein Tal. An vielen Stellen ist die Erde von riesigen Maschinen aufgewühlt, wie sie die heutigen Goldgräber benutzen.
»Was ist das?« fragt Montaine, als wir an einer verlassenen Baustelle vorbeigleiten, auf der rostige Bulldozer stehen.
»Das sind große Maschinen.«
»Was ist das, Maschinen?«
Und so weiter.
Wir haben gehofft, auf einer der zahlreichen Baustellen eine passable Hütte zu finden, doch wir werden enttäuscht und müssen ein letztes Mal das Zelt aufbauen.
Morgen sind wir in Dawson.

DAWSON CITY

Die Hunde galoppieren mit aufgerichtetem Schwanz und gespannten Leinen über die festgefahrene Schneedecke der Straße, schön ausgerichtet wie Athleten im Training. Ich bewundere sie sehr.
Mit über 15 Stundenkilometern nähern wir uns schnell unserem Ziel. Die Hunde galoppieren geschmeidig, als wollten sie auf der letzten Etappe noch einmal ihren Stil pflegen. Wir sind stolz auf unser Aussehen. Wir laufen nicht wie Schiffbrüchige ein. Heute morgen war ich beim Beladen sehr sorgfältig. Alles ist ordentlich und gut verschnürt.
Das Tempo der Hunde und die Straße haben Montaine in Aufregung versetzt. Sie sitzt auf dem Schlitten und lacht in einem fort. Pausenlos wiederholt sie, was wir ihr heute morgen beigebracht haben.
»Bald da!«
»Ja, mein Schatz, wir sind bald da.«
Diane hat Tränen in den Augen. Der Rauhreif in der Luft ist wie Konfetti, das die Gestirne auf uns herabrieseln lassen, das Pfeifen der Kufen wie die Anfeuerungsrufe einer fernen Menschenmenge, untermalt vom Trommeln der 44 Hundepfoten auf der vereisten Straße.

DAWSON CITY
FRESH MEATS

AL STORE LTD.
FRESH PRODUCE
DAWSON CITY
GENERAL STORE
.fresh Meat & Produce

In Dawson deutet Montaine unablässig auf Autos, die »Schlitten, die rollen«, und Häuser, die »großen Zelte«. Die »Indianerin« muß ganz neue Wörter lernen.

Rechte Seite
Die Hunde werden Montaine fehlen, aber sie wird sie bald wiedersehen. Neue Reisen warten auf sie.

»Aouuuu! Aouuuu! Vorwärts, meine Hundchen!«
Unsere Champions galoppieren stolz mit aufgerichteten Schwänzen, und die Kilometer fliegen nur so an uns vorüber.
Dawson City, acht Kilometer. Wir können es kaum glauben.
Ein Schild.
Wir sind da.
»Wir sind da, Montaine, wir haben es geschafft!«
Sie klatscht in die Hände und wiederholt immer wieder:
»Wir sind da, Taitaine da.«
Sie beglückwünscht sich.
»Bravo, Taitaine, bravo!«
Tränen fließen und erstarren auf unseren Wangen.
Wir schlingern über den Klondike. Das ist keine Piste mehr, sondern eine Straße. Die Hunde wittern die Gerüche der Stadt und kläffen aufgeregt.
»Da ist Dawson!«
Die ersten Dächer tauchen auf. Wir schlingern über den Yukon. Die Hunde erklimmen das steile Ufer, als handele es sich um einen gewöhnlichen Schneehaufen.
»Yap, Otchum.«
Tadellose Kurve.
»Hooo!«

Es wäre uns lieber gewesen, die Geschichte würde hier enden. Sehr viel lieber.
Die Hunde wären stehengeblieben, und wir hätten uns mit Tränen der Rührung in den Augen geküßt. Ich hätte meine kleine Montaine auf den Arm genommen, und zusammen hätten wir jeden Hund umarmt, einen nach dem anderen. Lange hätten wir sie gestreichelt und geherzt.
Das wäre eine schöne Ankunft gewesen.
Wir hätten eine so schöne Ankunft verdient.
Wirklich.
Doch leider bleibt Otchum auf der Front Street in Dawson nicht stehen, als ich ihm den Befehl dazu gebe. Die elf Hunde rasen wie eine Rakete die Straße entlang und biegen rechts in Richtung Stadtmitte ab, wo Hundegebell zu hören ist. Die totale Panik.
Mit einem Affenzahn jagen wir weiter, können nur mit knapper

Not zwei oder drei Autos ausweichen. Wir haben kaum Zeit, auf die erschrockenen Gesichter der Passanten zu achten, die ihren Augen nicht trauen.
Ich brülle, aber die Hunde hören nicht.
Hilfe!
Montaine heult auf dem Schlitten vor Angst.
Plötzlich verlassen die Hunde die Straße und biegen in eine kleine Querstraße ein. Wir schrappen haarscharf an einem Telegraphenmasten vorbei.
Weit hinten trottet ein Hund über die Fahrbahn.
Eine Katastrophe!
Das Gespann dreht durch. In halsbrecherischem Tempo geht es über eine Kreuzung. Ich sehe die Schneewehe viel zu spät, um noch etwas zu tun.
Das ist unfair, mehr kann ich nicht denken, alles geht viel zu schnell.
Wir werden vom Schlitten geschleudert. Ein wahrer Alptraum. In Zeitlupe sehe ich, wie der Schlitten mit Montaine in die Luft steigt und gegen einen großen Betonpfosten prallt, vor dem er laut krachend liegenbleibt.
»MONTAINE!«
Ihren Namen brüllend, die Augen schon tränenverschleiert, stürze ich zum Schlitten.

Neben dem Betonpfosten liegt die kleine Gestalt meiner Tochter, reglos, in den Daunenanorak gewickelt. Zitternd hebe ich sie hoch und nehme sie in die Arme. Sie lebt.
Sie sieht mich mit großen, entsetzten Augen an. Ich bringe kein Wort heraus.
Ich weine wie ein Kind.
Ich weine und danke der Vorsehung, daß sie unseren größten Schatz gerettet hat – meine kleine Schneeprinzessin.

Bildnachweis

Sämtliche Fotos in diesem Buch stammen von Nicolas Vanier.
Diejenigen, auf denen er selbst zu sehen ist, wurden von Diane Vanier aufgenommen.
Weitere Ausnahmen:
Seite 47: © Thomas Bounoure
Seite 173: © Jacques Lange
Karte im Vorsatz: Nicolas Gilles

Danksagung

Alle Bilder sind mit Leica-Fotoapparaten aufgenommen worden: Gehäuse RE und M6 mit den Objektiven 24, 80, 135 und 250 mm. Die verwendeten Filme sind Kodachrom 25 und 64 pro sowie Ektachrom 200.
Wir danken den Wissenschaftlern von Pedigree Pal, die ein genau auf unsere Hunde zugeschnittenes, extrem nährstoffreiches Kraftfutter entwickelt und uns über Jahre hinweg dabei unterstützt haben, unsere ehrgeizigsten Pläne zu verwirklichen. Unser Dank gilt auch der Air Canada sowie dem Kosmetikkonzern La Roche Posay.
Für alle Abenteuerlustigen haben wir mittlerweile ein Lager in den märchenhaften Peribronka-Bergen im Norden von Québec errichtet: Das »Camp des Écorces« am Ufer des Coté-Sees, von dem aus wir im Winter Ausflüge mit dem Schlittenhundegespann anbieten und im Sommer Kanufahrten. Informationen zur Anreise erhalten Sie über DHD-Laika in Paris, unter der Telefonnummer 0033/1/42 89 32 64 oder im Internet unter www.nicolas-vanier.com

Nicolas Vanier

Nicolas Vanier

geboren 1962 im Senegal, ist wie sein Vorbild Jack London Abenteurer und Schriftsteller. Seine Erlebnisberichte »Die weiße Odyssee« und »Das Schneekind« standen lange auf den Bestsellerlisten. Er lebt heute mit seiner Familie als Züchter von Schlittenhunden in Frankreich und Kanada.

Mehr zum Autor: *www.nicolas-vanier.com*

Impressum

Die französische Originalausgabe erschien 2002
unter dem Titel »L'Enfant des neiges«
bei Éditions du Chêne, Paris.

ISBN 3-89029-265-8
2. Auflage 2004

Redaktion: textkontor¶, Christiane Burkhardt
Graphische Umsetzung und Satz: Sabine Dohme
Umschlaggestaltung: Birgit Kohlhaas, München
Druck und Bindung: Westermann Druck, Zwickau

www.malik.de

NICOLAS VANIER

Die weiße Odyssee

Aus dem Französischen von Reiner Pfleiderer.
320 Seiten mit 32 Seiten Farbbildteil. Serie Piper

In einer waghalsigen Unternehmung überwindet Nicolas Vanier mit seinen Schlittenhunden endlose Schneewüsten, Gletscher, vereiste Berge und Seen. Ganz Nordamerika verfolgt gebannt das Hundeschlittengespann auf seinem Weg quer durch Alaska und Kanada. Und Vanier schafft, was kaum möglich erschien: Nach 99 Tagen und 8 600 Kilometern erreicht er sein Ziel auf der anderen Seite des Kontinents. Die Geschichte einer unerschütterlichen Freundschaft zwischen einem Menschen und seinen Hunden, die sich in der Auseinandersetzung mit einer gnadenlosen Natur bewährt.

NICOLAS VANIER

Der Sohn der Schneewüste

Roman. Aus dem Französischen von Reiner Pfleiderer.
509 Seiten. Serie Piper

Bei den Nahanni-Indianern, in den verschneiten Weiten des hohen Nordens, westlich der mächtigen Rocky Mountains, lebt der 15jährige Ohio. Seine Stammesgenossen jagen Elche und Karibus, um sich zu ernähren. Auch Ohio zeigt schon jetzt großes Geschick in allem. Nur der Medizinmann hat sich gegen ihn verschworen. »Aus ihm spricht das Böse«, verkündet er. Und dann erfährt Ohio ein streng gehütetes Geheimnis: Sein Vater war ein Weißer. Von seinem Stamm verstoßen, in seiner Identität verunsichert, beschließt Ohio, sich auf die Suche nach den eigenen Wurzeln zu machen.

NICOLAS VANIER

Der weiße Sturm

Roman. Aus dem Französischen von Reiner Pfleiderer.
470 Seiten. Gebunden

Der junge Indianer Ohio ist von einem einzigen Wunsch beseelt: Er will seinen Vater finden, den Engländer Cooper, den er nie gekannt hat. Tausende von Meilen legt er mit seinen Schlittenhunden zurück, an seiner Seite die geliebte Mayoke mit den seidigen schwarzen Haaren und der kupferfarbenen Haut und ihr gemeinsames Baby, der kleine Mudoi. Bevor aber Ohio sein Ziel erreicht, muß er ohnmächtig mitansehen, wie der weiße Mann seine indianischen Brüder mißhandelt und ihnen Stück für Stück ihre Jagdgründe entreißt. Als dann auch noch eine Tragödie sein Familienglück überschattet, zweifelt Ohio am Leben. Doch dann erinnert er sich an die Worte des Schamanen und er findet endlich die Kraft, um sein Glück zu kämpfen.

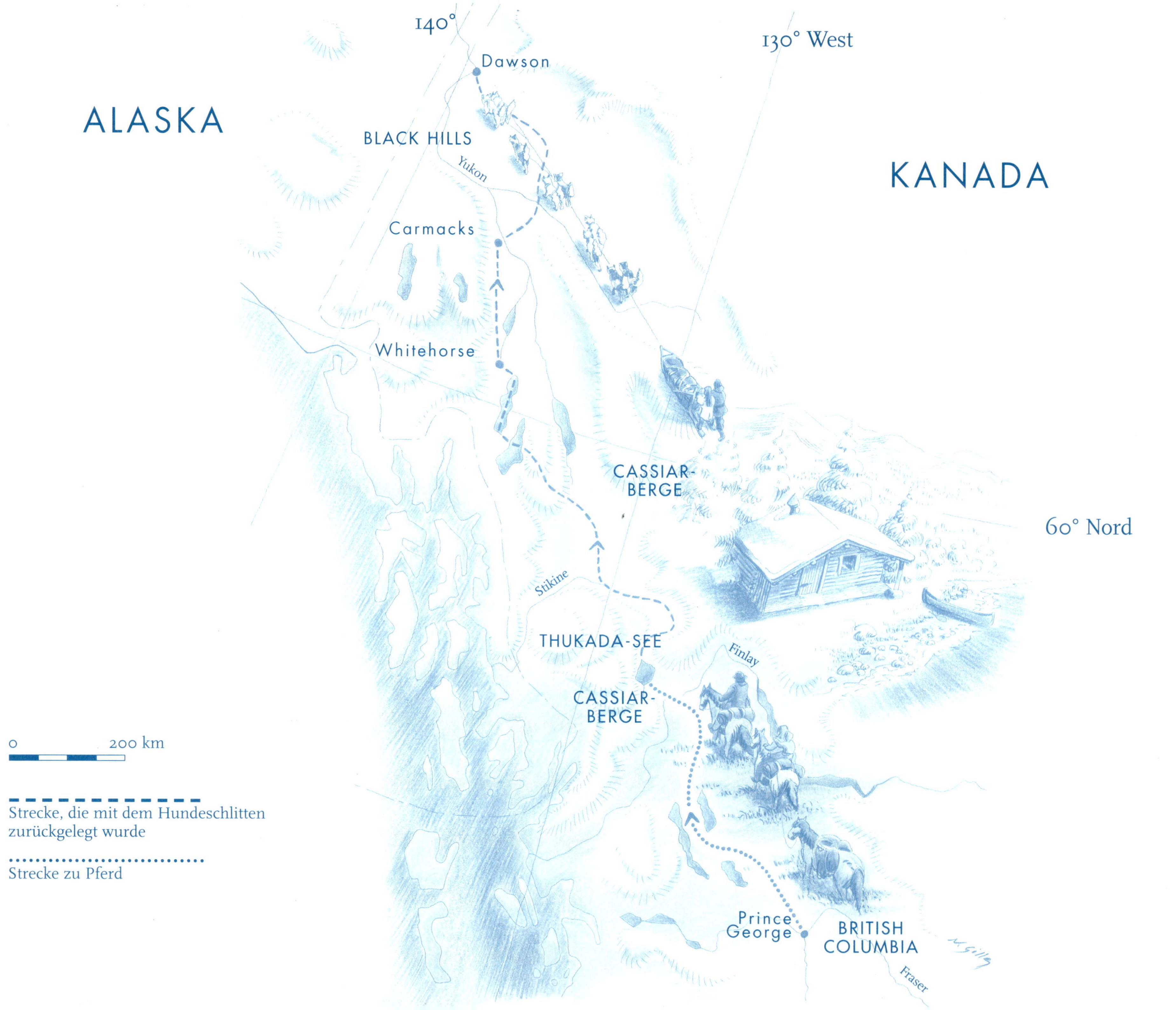
140°
130° West
Dawson
ALASKA
KANADA
BLACK HILLS
Yukon
Carmacks
Whitehorse
CASSIAR-
BERGE
60° Nord
Stikine
THUKADA-SEE
Finlay
CASSIAR-
BERGE
Prince
George
BRITISH
COLUMBIA
Fraser
0
200 km
Strecke, die mit dem Hundeschlitten
zurückgelegt wurde
Strecke zu Pferd